# 校庭の雑草で探究学習や自由研究ができる本

稲垣真衣 監修
稲垣栄洋、藤本勇二、中西徳久 著

東京書籍

# はじめに

この本は、植物学者を育てるための本
ではありません。
「自分の目で観察し、自分の頭で考える」
子どもたちの力を育むための本です。
そしてこの本は、植物学者のための本
でもありません。
植物に詳しくないけれど、
「校庭で子どもたちとワクワクしてみたい」
そんな、あなたのための本です。

監修者・著者一同

# もくじ

# 1章

# なぜ、校庭の雑草は注目すべき教材なのか?

# 2章

# 雑草で探究心や思考力などを育むプログラム

# 3章
# 校庭でよく見られる雑草図鑑

# 1章

# なぜ、
# 校庭の雑草は
# 注目すべき
# 教材なのか?

# 校庭の雑草のここがすごい！

校庭の雑草には、教材として扱うのに優れた点がいくつもあります。

## 1.
### 身近にある

　雑草は、私たちの身近にあります。

　学校の外に出なくても観察できますし、子どもたちがあそぶグラウンドや、毎日の通学路にもあります。すなわち、いつでも簡単に観察することができるのです。

　また、公園や森で見かけることがある、さわると危険な植物は、校庭で見かけることはないでしょう。安心して、さわったり、においをかいだり、五感を使った観察ができます。

## 2.
### 抜いても怒られない

　学校や公園の花だんで大切に育てている草花や、通学路にある家の庭先で大切に育てられている植物は、抜いて教室に持ってくることはできません。

　その点、雑草は抜き放題*！

　葉っぱをちぎったり、根っこを引き抜いたり、子どもたちが好きなように観察することができます。特に、土の中の根っこの観察ができるって、すごいと思いませんか？

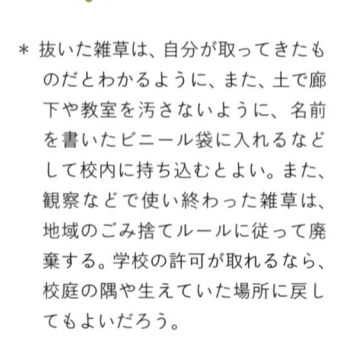

＊ 抜いた雑草は、自分が取ってきたものだとわかるように、また、土で廊下や教室を汚さないように、名前を書いたビニール袋に入れるなどして校内に持ち込むとよい。また、観察などで使い終わった雑草は、地域のごみ捨てルールに従って廃棄する。学校の許可が取れるなら、校庭の隅や生えていた場所に戻してもよいだろう。

# 3.

## 観察するために育てなくてもいい

　理科の教科書で紹介されている植物を観察するためには、その植物を育てなければなりません。また、植物と環境との関係を知るためには、環境を変えて栽培試験をしなければなりません。しかし、それでは時間も手間も掛かります。

　雑草は、常にさまざまな環境で生えていますので、いつでも好きなときに観察することができます。

　また、雑草の花は次々に咲くので、チューリップなどと比べると花を観察する期間が長く、場合によってはつぼみから花、実までの成長を一度に観察することもできます。

# 4.

## 「探究学習*」に適している

　じつは、雑草の観察は探究学習（総合的な学習の時間）に適しているのです。どうしてかって？　それは後ほどお話しすることにしましょう。

＊ 文部科学省が学習指導要領で定義づけした①課題の設定、②情報の収集、③整理・分析、④まとめ・表現というような「問題解決的な活動が発展的に繰り返されていく一連の学習活動」のこと。2020年度から小学校、2021年度から中学校、2022年度から高等学校で「総合的な学習（探究）の時間」として導入された。

# 10種知っていれば雑草博士!?

　校庭は、たくさんの種類の雑草が見られる場所です。じつは、その数は主なものだけでも200種あるといわれています。

　でも、その種類の豊富さが、雑草を教材として気軽に利用することを難しくもしています。植物の知識に自信がある先生でないと、使いこなせない気がしてしまうからです。

　しかし、本当はそんなことはありません。じつは、校庭でよく見られる雑草の種類は限られているのです。私たちが東京都、静岡県、愛知県の山間地と郊外と都市部の小学校19校を調査したところ、花だんとグラウンドに場所をしぼれば、春の雑草では、共通して主に見られるものは20種程度でした。

　それでも、まだ多いですか？　では、これならどうでしょう。

　同じ調査では、花だんとグラウンドに生えている春の雑草の7割は、わずか10種の雑草が占めていました。つまり、10種ほど知っていれば、ほとんどの雑草のことが理解できたことになるのです。

# 本当は、名前を知らない方がいい?

　「植物の名前を知らないので、子どもたちと植物を観察することができない」。そんな、先生や保護者など、大人たちの声を耳にします。

　本当にそうでしょうか？

　植物の名前を知らない方がよいこともあります。

　その証拠となる苦い経験が私たちにはあります。

　ある日、子どもたちが、葉っぱについた不思議なものを持ってきて、「これ、

何？」と聞いてきました。それは、植物のタネにも、虫の卵にも見えます。もっとも、私たちはその正体を知っていました。そして、こう答えたのです。

「それはね、ホウネンタワラチビアメバチのまゆだよ」

そう言った瞬間に、子どもたちの目の輝きが消えてしまいました。

「これ、何？」と聞かれたから、答えを教えただけなのに、何か悪いことをしたのでしょうか？　どう答えればよかったのでしょうか。


名前を知っていると、それだけで知っている気になります。

名前を知っていると、もうそれ以上、観察しなくなってしまいます。

名前を知っていると、子どもたちの発見に、寄り添ってあげることができなくなってしまいます。

本当は、植物の名前を知らない方がよいことも多いのです。

もし、あなたが植物の名前に詳しくないとしたら……あなたはきっと、子どもたちと発見する喜びをわかち合い、植物のふしぎを楽しめる人なのです。

「これ、何？」

子どもたちは、そう質問してきます。

それは、本当に名前が知りたいのでしょうか？


子どもたちは、たくさん生えている雑草の中から、その雑草を選びました。

そこには何か、子どもたちの発見があるはずです。

そして、「面白いもの、見つけたよ」というのが、子どもたちの「これ、何？」の本当の意味なのではないでしょうか？

だから、「これ、何？」と聞いてきた子どもたちには、たとえ名前を知っていたとしても、こう答えてあげればいいのです。

「何だろうね？」

「面白いものを見つけたね」

# 雑草には「？」がいっぱい

　教科書は、もうわかっていることばかりが書かれた本です。

　しかし、世の中には、まだわかっていないことがたくさんあります。教科書の外側の世界には、たくさんの「？」があふれているのです。

　「どうしてだろう？」「なぜだろう？」と「？」を抱くことは、理科や科学における学びの最初の一歩です。

　でも、子どもたちの抱いた「？」は、多くの場合、先生や大人がすでに答えを知っていたり、テレビで見たことがある人がいたり、インターネットで調べると答えにたどりついたりするものです。

　ところが、身近にある雑草には、わかっていないことがたくさんあります。

　たとえば「コミカンソウ（3章の140ページ参照）」という雑草もそうです。一般的にはあまり知られていませんが、校庭ではよく見られる雑草です。でも、わかっていないことがたくさんあるのです。

　図書館で調べてもわかりません。インターネットで調べても出てきません。本当にわかっていないんです。

　どうしてでしょう？

　みんなで自由に考えてみましょう。答えがわかっていないのですから、どんな仮説を立ててもよいのです。

　誰もわかっていないのですから、先生や保護者などの大人たちがわからなくても当たり前。「どうしてなんだろう？」「なぜだろう？」と大人たちもいっしょに「？」を楽しんでみましょう。

コミカンソウ（詳しくは3章の140ページ）

# 図鑑どおりではない

　植物を調べるときに役に立つのが植物図鑑です。

　しかし、校庭の雑草は、図鑑どおりではないことも、たくさんあります。

　春に咲くと書いてあるのに、秋に咲いていたり、1mの草丈ですと書いてあるのに、10cmくらいの短い姿で花が咲いていることもあります。

　雑草が生えている場所の多くは、抜かれたり踏まれたりしやすい環境です。何が起こるかわからないところに生えています。そのため雑草には、環境に合わせて自分を変える力があるのです。

　図鑑に書いてあることは、「この植物はこうあるべきだ」という人間の決めつけなのかもしれません。しかし雑草には、図鑑に書いてあることなど関係ありません。自分が生えている環境で、自分らしく生きるだけなのです。

　雑草のことは、図鑑を見てもよくわかりません。

　目の前に生えている雑草のことは、「自分の目」で観察するしかないのです。雑草を観察していると、色々な疑問がわいてくるでしょう。

　しかし、その答えは図鑑には書いていないかもしれません。自分の頭で考えるしかないのです。

　もちろん、考えたその答えが図鑑に書いてあることと違っても大丈夫。

　何しろ雑草は、図鑑に書いてあることが正しいとは限らないのです。

# 校庭はワンダーランド!

　私たちが小学生の頃、「まだまだ人類には、わかっていないことがたくさんある」と学校の先生が言っていました。しかし、小学生にはピンときませんでした。教科書には何でも書いてありますし、図書館に行けば、何でもわかったからです。

　しかし、研究者になった今、その言葉はよくわかります。子どもたちの質問の中には、専門家の私たちでも答えられないものがたくさんあります。

　大いなる謎は、宇宙の果てや深海の奥底だけにあるわけではありません。

　身近な校庭の雑草でさえも、わかっていないことばかりです。校庭はそんな不思議にあふれているのです。

　もしかすると、日ごろ教科書を使って勉強を教えている先生方は、子どもたちに対して「わからない」と言うことを恥ずかしいと思うかもしれません。「何でも知っている先生はすごい」と子どもたちに思われないかもしれません。

　しかし、世界はわからないことであふれています。だからこそ、勉強することは、大人にとっても子どもにとっても面白いのです。

　そう思いませんか？

# 雑草で探究心や思考力などを育むプログラム の説明

全部で29のプログラムを紹介しています。
プログラムページとセットで「児童の活動と指導・評価の留意点」を解説しています。

雑草以外でプログラムに必要なアイテムを記載しています。

授業や自由研究でのプログラムのすすめかたを順を追って説明しています。

すすめかたのポイントや注意点をわかりやすくまとめています。

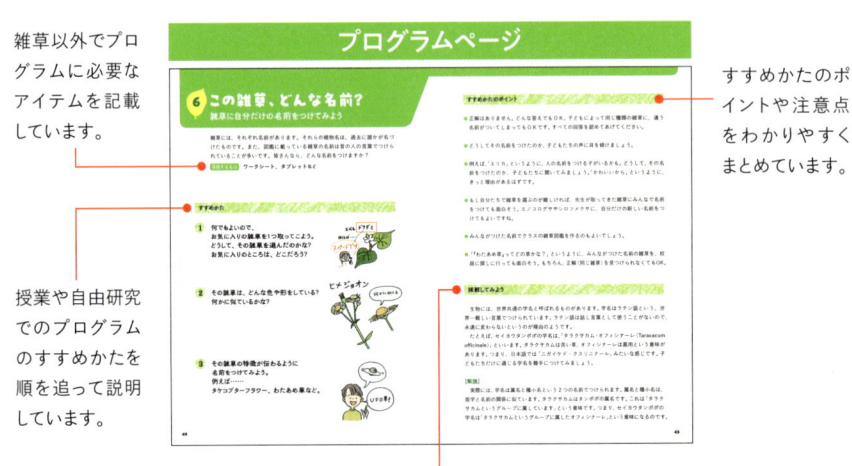

もっと雑草のことを知りたい人に向けた説明や問いかけで構成しています。プログラムによっては「挑戦してみよう」や「解説」など、さらに深掘りした提案や補足を記載しています。

各プログラムを行うにあたって、おすすめの季節を示しています。

各プログラムの対象となる学年（小学校）を示しています。

各プログラムの目標と、児童が身につけることができる力を例示しています。

各プログラムの指導計画内容を紹介しています。「指導案」ではありません。

ワークシートのフォーマット例です。プログラムの内容に合わせて作成するとよいでしょう。

プログラムによっては、「児童の活動と指導・評価の留意点」の解説ページがないものがあります。

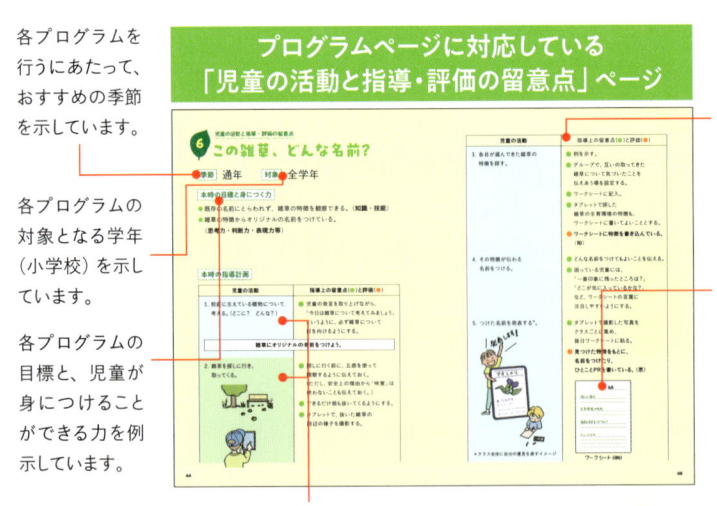

青色は話し合いや交流、発表など、主に室内での活動を示します。緑色は雑草を探す、観察するなどの、主に校庭での活動を示します。また、表の罫線はコピーを取って活用できるように入れました。下部の罫線がないのは、デザイン上の関係です。

# 2章

# 雑草で
# 探究心や
# 思考力などを
# 育むプログラム

# 雑草を足場にして探究心や思考力、粘り強く問い続ける力を育てる

　小・中・高等学校・特別支援学校で子どもたちが学ぶ教科書は学習指導要領をもとにして作られます。その学習指導要領が改訂され、小学校は2020年度、中学校は2021年度、高等学校は2022年度に実施されました。改訂の趣旨において個別の知識を身につけるだけでは、これからの社会を生きていくために十分ではない点が明確に示されました。主体的に対象とかかわったり、問いをもって学んだり、仲間と対話しながら自分の学びを振り返ったりする深い学び（アクティブ・ラーニング）が求められています。

　この点から植物の世界の学びを考えると、雑草の名前や生態を知ることによって身近な雑草の奥深い植物の世界に入っていくことはできますが、それ以上に身近な雑草に関心や問いを持つことが大切になります。

　雑草は、図鑑どおりではないから学びが始まります。知っているからわかったつもりになる、それは、雑草のことをより詳しく知っていこうとすることを止めてしまいます。カタバミやオオイヌノフグリなど、雑草の名前を知ってしまうと、つまり「雑草」でなくなると、観察しようとする気持ちが失せてしまいがちです。雑草に向き合う気持ちを引き出したり問いを生み出したりするように、教師や大人は知りたくなるような状況を作ることが必要です。そうすると、雑草を対象とした学びを通じて、観察力はもとより探究心や思考力、粘り強く問い続ける力を育てることができます。

　この章は、学習指導要領の改訂で示された、これから一層大切になる、学習プログラムを「主体的な学びを実現した内容」にすることを目指しました。さらに、子どもたちが「不思議だな」「もっと知りたいな」「話をしてみたいな」と思えるような環境を構成するという幼児教育との接続を大切にしたプログラムにもなっています。プログラムは、探究学習や自主学習、自由研究にも活用できます。では、本プログラムがどのような子どもの学びの姿を実現することができるか、プログラムの内容を取り上げながら紹介します。

### ① 子どもたちが知っていることを 足場にして雑草の世界に入っていく

　例えば、子どもたちはブタナを知らなくてもタンポポのことはよく知っています。タンポポを通してブタナなどの黄色い花が咲く雑草に目を向けるようにすることが大切です。雑草のことに詳しい人は、子どもたちが知らないことを教えることが自然の不思議さや巧みさを感じる手立てだと思いがちです。しかしながら、知らないことよりも、少し知っていることをもとに活動したり、考えたりすることが重要なのです。

### ② 「もっと」を学びの原動力にする

　子どもたちは、もっと大きなもの、逆にもっと小さなもの、もっと高く、もっと遠くへ、のように「もっと」をエンジンに探究を進めていきます。今回のプログラムでは、「もっと小さい雑草を探そう」のように「もっと」をエンジンにして子どもたちが雑草の世界に触れていく仕掛けを用意しています。「もっと」をエンジンにすれば、自分たちで雑草を見つけたり、見つけたことを紹介し合ったりする「探究的な学習」を進めていくことができます。

### ③ 子どもの問いを引き出す

　もっと小さい雑草を見つけた子どもたちは、詳しく見たり細部に目を向けようとしたりし始めます。そのときに、虫めがね（ルーペ）の必要性が子どもたちの中に生まれていきます。観察に使う道具をはじめから子どもたちに与えるのではなく、子どもたちの必要感

や切実感を引き出しながら道具に出会っていくことで道具の扱い方や使い方の理解も進みます。また、「茎をどうして短くしているのか」という問いから、科学の言葉であるロゼット＊に自然に出会います。それが科学の言葉を無理なく使うことにもつながります。

## ④ 間違ったり誤解したりすることがプログラムのスタート

私たちは、名前がわからない雑草が「ブタナ」だとわかると、調べたり聞いたりすることをやめてしまいませんか。名前を知ることは大切ですが、それ以上に、わからない、間違っているかも、という状況を作ると問いが生まれます。そこから、探究活動が始まり自分事の学びにつながります。同じように、「葉っぱは本当に緑色なの？」と聞かれると、今まで緑色と思っていたことに揺らぎます。ここから、学びは始まります。つまり、間違ったり、誤解したりしているのかも？という気づきを得られるプログラム作りが大切です。

## ⑤ 導入はズレがポイント

「思っていたことと違う、こうだと思うのに」といった対象へのズレが子どもたちの知りたいという気持ちを引き出します。導入では、このズレをどのように子どもたちに意識させるかがカギです。同じように、例えば「〜を探そう」「このようなものを作ればいいよ」といった提案も、安心して追究を進めるカギになります。これらは、授業のユニバーサルデザインの視点といえます。このように、「おやっ、不思議だな」と思わせる積極的な支援と、安心して雑草と関わる活動を

＊ 生物学において、タンポポやヒメジョオン、ナズナなどに見られるバラの花の形をした放射線状の葉。（74ページと㉒ロゼットになってみよう参照）

実現できる支援がプログラム作りの両輪となります。

## ⑥ 1つのパターンでの活動を繰り返す

　子どもたちを楽しませようと考えて、活動のパターンをいろいろと変えることは逆効果です。「1つのプログラムには1つの活動」という決まったパターンが大切です。一方で、1つのパターンでは飽きてくる子どもたちもいます。同じような活動でありながら、少しずつ扱う雑草や色形、大きさ、数など視点をずらしていくと、子どもたちは飽きずに追究を続けていきます。

## ⑦ 子どもたちが作ることで 主体的になる状況を用意する

　❻この雑草、どんな名前？（42ページ）や❽自分だけの雑草カードを作ろう（48ページ）が典型ですが、子どもたちが名前をつけたり、カードを作ったりすることによって雑草を詳しく見ていく状況が生まれます。それが、結果として観察することになります。「雑草を観察しましょう」という言葉掛けは簡単ですが、本当に子どもたちの心に届くでしょうか。子どもたちが自分で作るという活動によって、観察が生まれるような状況を作っていくことができます。

## ⑧ 自由度のある言葉を使うこと

　自由度のある言葉は、「決めること」を子どもたちに任せることができます。緑ではない葉っぱがあるのかなと探し始めてみたり、❾○○っぽい雑草（52ページ）のように「この雑草は○○っぽい」と雑草を紹介する活動が生まれます。❹葉っぱって、みどり？（32ページ）

のように自由度があることは子どもたちの多様性に応じることにつながります。文部科学省が新学習指導要領に掲げる「個別最適な学び」に結びつけるポイントは、子どもたちの多様性に応じていくことです。一人ひとりのとらえ方や感じ方を尊重するために、自由度のある言葉を使ったプログラムを作ることが大切です。

## ⑨ 協働することで学びを深める

自分一人だけでも雑草の世界に入ることができますが、感じたことや不思議に思ったことを一緒に活動する仲間の気付きと比べることで、新たな気づきや「もっと」という思いが生まれます。この「協働的な学び＊」も、本プログラムで大切にしています。例えば、❺これってタンポポ？（37ページ）では、取ってきたタンポポを比べることで対話が始まります。❼伝説の雑草を探そう（46ページ）では、見つけた雑草の写真をもとに伝説や言い伝えを紹介し合う楽しさを大切にしました。

## ⑩ 承認する大人がいること

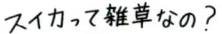

スイカを野菜か果物かに仲間分けすることに、本質的な意味はありません。農家は、育てる都合により野菜として分類していますが、青果店では、果物として販売しています。同じような例は、木か雑草かのようにたくさん見つかります。子どもたちの自然への関心を引き出すためのカギになるのは、「あなたがスイカのことを雑草だと思うのならそれでいいよ」「あなたが雑草と思ったら雑草だよ」というように、子どもが見つけたものに意味があり、見つけたことを認める、そうしたことを承認する大人の存在です。

＊ 新学習指導要領には「個別最適な学び」と「協働的な学び」を一体的に充実していくことが大切、とある。

# 自分の目で見てみよう

## 観察力を鍛える

# 小さい雑草み〜つけた

## 花か穂か実をつけた小さい雑草を探してみよう

子どもたちは動くものが大好きです。動かない植物を観察することは、すぐには難しいかもしれません。そこで、観察のウォーミングアップとして、まずは「小さい」「かわいい」雑草を探してみましょう。

**準備するもの** 虫めがね（ルーペ）、タブレット、かいぼう顕微鏡など

---

### すすめかた

**1　今まで見た中で一番小さいと思った雑草はどれくらいの大きさだったかな？**

※先生が小さな雑草を取ってきて、
「これより小さい雑草を見たことある？」と
尋ねることから始めてもよさそうです。

ホラ
小さいね！

ツメクサ

**2　もっと小さい雑草はあるかな？**

※「こんなにちっちゃい」と小ささを示す場合は、
「これよりも、そんなに小さい雑草はあるかな？」と
問いかけてみるのもよいでしょう。

**3　もっともっと小さい雑草はあるかな？**

💡ヒント：グラウンドに行けばあるかも？

**4　小さい雑草は、どんな場所に生えているだろう？**

**5　花や実がついた雑草はあるかな？**
**どんな花が咲いているんだろう？**
**どんな実がついているかな？**
**虫めがね（ルーペ）で見てみよう。**

- ●「小さいもの」を見つける練習です。雑草以外のものを見つけても大丈夫。小さな虫や、小さな砂粒など、慣れてくると、どんどん発見できるようになる。
- ●虫めがね（ルーペ）で太陽を見ないように注意しましょう。
- ●雑草を見つけた場所の撮影時、スマホ用のマクロレンズをタブレットに使ってもよいかも。
- ●もっともっと見てみたくなったら、雑草を取って来て、かいぼう顕微鏡の出番です。

主な小さい雑草を
紹介します

## もっと知りたい人のために

### ツメクサ

コケかと思うほど小さいのに、カーネーションと同じナデシコ科の仲間。道路わきのすき間に生える定番の雑草。

### スズメノカタビラ

グラウンドには、さまざまなイネ科が生えているが、スズメノカタビラは葉っぱの先が舟のようになっているので見分けられる。

### オヒシバ

日当たりの良い道ばたや畑の周辺で見かけるイネ科の家族。引っぱってもなかなか抜けない。

### コスズメガヤ

初夏から秋にかけて、茎の先に円錐形の穂をつける。踏まれ強く繁殖力も強い。

### ニワホコリ

花穂がホコリのように見えることが名前の由来。スズメノカタビラにやや似ている。

# 1 小さい雑草み〜つけた

季節 夏〜秋　対象 全学年

## 本時の目標と身につく力

● 虫めがね（ルーペ）やかいぼう顕微鏡などを使いながら、見つけてきた雑草を観察する。（**知識・技能**）
● 大きな雑草が育つ環境と小さな雑草が育つ環境の違いについて考えている。（**思考力・判断力・表現力等**）

## 本時の指導計画

| 児童の活動 | 指導上の留意点(●)と評価(●) |
|---|---|
| 〈第1時〉<br>1. どのような小さな雑草があるのか話し合う。 | ● 各自想像してから交流する＊。<br>　＊班ごと、もしくは数人ほどで話し合うイメージ。 |
| 2. 小さな雑草を探しに行く。 | ● 校庭のどこにあるかを考えながら探すようにする。<br>● 見つけた場所の様子がわかるようにタブレットで撮影をしてから取る。（次時で活用する） |
| できるだけ小さな雑草を探そう。 ||
| 3. 見つけた小さな雑草を観察する。<br>　・とても小さな花が咲いている。<br>　・小さなタネがある。 | ● 虫めがね（ルーペ）、かいぼう顕微鏡などを活用してもよいこととする。<br>● **自分で選んだ道具で観察している。（知・技）** |

| 児童の活動 | 指導上の留意点(●)と評価(●) |
|---|---|
| 〈第2時〉<br>1. 大きな雑草とはどれくらいの<br>　高さなのかを話し合う。 | ● 大きな雑草と出会った経験を<br>引き出すことで雑草の高さに<br>目を向けるようにする。 |
| 2. 大きな雑草を探す。 | ● 大きな雑草が育っている<br>周りの様子がわかるように<br>タブレットで撮影してから取る。 |
| できるだけ大きな雑草を探そう。 | |
| 3. どんな場所の雑草が大きくて、<br>　どんな場所の雑草が小さいのか<br>　考える。 | ● それぞれの雑草を<br>見つけた場所を確認しながら、<br>環境の違いについて<br>考えられるようにする。<br>● 前時に撮影した写真と今回の写真を<br>比較しながら考えるようにする。<br>● 環境の違いについて考えている。<br>（思・判・表） |
| 4. 自分と何かがいっしょの<br>　雑草を探しに行く。<br>　探す視点として、<br>　自分の体の一部とできるだけ<br>　同じ長さのものとする。<br>　（身長、足の長さ、など） | ● 自分の身長と同じ、<br>足の長さ、腕の長さ等、<br>いくつかの視点を提示しておき<br>自分の好きな視点を選ぶようにする。 |
| 5. 見つけた雑草について交流する。 | ● グループで交流し、全体でも共有する。 |

※1時間目は、ルーペやかいぼう顕微鏡などを使う練習としても取り組める。

# 2 自分と草の背比べ
## 今度は大きな草を探してみよう

子どもたちは「大きなもの」が大好きです。小さい草を探した後は、大きい草を見つけてみましょう。視点が変わると見え方までもが変わってきます。また、この項目では雑草ではなく、「草」という言葉を使いました。草と木の区別を考える上で、雑草という言葉の定義は意外と難しいからです。

## すすめかた

**1** 学校の中で、
背の高い草を探してみよう。

**2** もっと背の高い草はあるかな?
探して比べてみよう。

**3** もっともっと背の高い草はあるかな? 探してみよう。
💡ヒント：グラウンドの隅や、校舎の裏に行けばあるかも?

**4** 背の高い草は、どんな場所に生えているだろう?
小さい草はどんな場所に生えているだろう?
小さい草と大きい草が生えている場所に、違いはあるのかな?

## すすめかたのポイント

●「自分より背の高い草はあるかな？」「自分と同じくらいの背丈の草はあるかな？」など、自分と比べてみても面白そう。
●草と木の区別がつかなくて、小さな木の苗を見つける子どもがいるかもしれませんが、問題はありません。「大きな木は草っていえるかな？」。

## もっと知りたい人のために

草と木の区別も意外と難しいです。草も大きくなると木質化します。また、芽を出したばかりの木本の実生はまるで草のようです。ここで重要なのは、草と木の区別ではなく、植物の大きさと環境との関係に注目することです。

# 3 見つけたら、ラッキー!
## 幸せの四つ葉のクローバーを探してみよう

子どもたちはラッキーアイテムが大好き。幸せのシンボルである四つ葉のクローバーも大好きです。クローバーの別名で知られるシロツメクサは、校庭でよく見る雑草。子どもたちといっしょに、まずは四つ葉のクローバーを探してみましょう。ついつい大人も夢中になってしまいます。

## すすめかた

1 四つ葉のクローバーって知ってる?
　見たことある?

2 学校の中にシロツメクサが生えている場所はあるかな?
　四つ葉のクローバーを見つけに行こう!

3 四つ葉のクローバーは、
　よく踏まれるところで見つかりやすいらしい。本当かな?
　実際に四つ葉のクローバーが多いところを探して、確かめてみよう。

※「四つ葉のクローバーはどんなところに多いだろう?」と考えてみてもいい。
　ただ、子どもたちの力だけで踏まれるところに多いことを発見するのは
　難しいかもしれないので、ここでは答えを先に説明してみました。

## もっと知りたい人のために

四つ葉のクローバーが生まれる理由は主に2つあります。

1つは遺伝的な変異です。その場合は、同じ株にたくさんの四つ葉のクローバーが現れます。

もう1つは環境です。踏まれて葉っぱのもとになる「原基*」が傷つくことによって、四つ葉になります。

どちらの理由でも、たくさん四つ葉が見つかりやすい場所は決まっていることになります。

---

\* 植物の場合は、茎の先端にある葉っぱのもととなる細胞群。

# 4 葉っぱって、みどり？

## 緑色じゃない葉っぱを見つけよう

葉っぱというと緑色が浮かびますが、緑色にはいろいろな種類があります。緑色ではない葉っぱもあります。自然は「いろいろ」な色でできています。そんな「いろいろ」を探しに行きましょう。

**準備するもの** 緑色の折り紙、画用紙など

## すすめかた

**1** 葉っぱって何色？　緑？　本当かな？

**2** たとえば、緑色の折り紙を見せて、
「この色と同じ色の葉っぱはあるかな？」
※タブレットで「緑色」を検索して、表示して見せてもいい。

**3** 「緑色」の葉っぱを探してみよう。
見つけたら、折り紙の緑色と同じか
答え合わせをしてみよう。
💡ヒント：私たちが知る緑色と葉っぱの緑色は、意外と違う。
　　同じ植物の中にもいろいろな緑色があったり、
　　一枚の葉っぱの中にもさまざまな緑色があることに気がつくかもしれない。

**4** 緑色ではない葉っぱ（赤い葉っぱなど）はあるかな？
💡ヒント：もし枯れている（カラカラに乾いている）葉っぱが多かったら、
　　「生きている（しっとり水気のある）葉っぱで探してみよう」。

## すすめかたのポイント

● 色の見え方は人によって違います。緑や赤が見えにくい色覚特性の子どもがいる場合は、配慮が必要です。

● 図工の前に実施すると、子どもたちは葉っぱを塗るときに緑色と他の色を混ぜたり、細かく塗り分けたりするようになります。

● 教材の画用紙や上質紙の色見本などを使っても面白いかもしれません。緑色の中にもさまざまな色があります。また、伝統色と呼ばれるたくさんの色もあります。「紙の色と似た色の葉っぱはあるかな？」。

## 赤い葉っぱは、どこにある?

エノコログサ (155ページ) は葉や穂が緑色ですが、葉や穂に紫色の色素を持つものがあります。図鑑では「ムラサキエノコログサ」と区別して呼ばれることもありますが、同じ種類です。

また、カタバミ (130ページ) も葉っぱが紫色のものがあります。これは「アカカタバミ」と呼び分けられることがありますが、これも同じ種類です。

この赤紫色はアントシアニンという色素です。

アントシアニンは、紫キャベツやブルーベリーに含まれる色素です。ナスやブドウの紫色や、バラやスミレなどの花の色もアントシアニンによって作り出されます。

アントシアニンは、寒さや乾燥から植物の身を守る効果があります。そのため、寒い季節や乾燥した場所で、アントシアニンで紫色になったエノコログサやカタバミを見つけることができます。

また、他の雑草も寒い季節や乾燥した場所で、アントシアニンが蓄積して紫色になっていることがあります。

紫色に染まった雑草たちを探してみることにしましょう。

どんな場所にあるでしょうか?

石ころだらけの場所や道ばたのアスファルトのすき間など、水のない乾燥した場所では、ムラサキエノコログサやアカカタバミが多くなる傾向があります。おだやかな春にはあまり違いはわかりませんが、乾燥する夏になると少し傾向が現れます。秋になって寒くなってくるとわかりやすくなってきます。

ただし、校庭という限られた範囲ではわかりにくい場合もあります。通学路の脇などを見ると、ムラサキエノコログサやアカカタバミが多く見られるかもしれません。

キョロキョロ

## いろいろな赤い葉っぱ

雑草の中にも紅葉するものがあります。「草紅葉（くさもみじ）」といいます。草紅葉は秋の季語です。

## 日かげに生えている雑草は、緑色が濃いものがあります。

葉っぱは、光合成をするために緑色をしています。日かげの葉っぱは、少ない光をいっぱい集めるために、緑色が濃いのです（高等学校で習う陽葉（ようよう）と陰葉（いんよう）の違いと同じしくみです）。

## 一枚の葉っぱでも、色が違います。

たとえば、葉っぱの表と裏では色は同じかな？　どっちが濃いだろう？（こちらについては、中学校で習います）。

## どうして葉っぱは緑色なのでしょうか?

それは、葉っぱの中に葉緑体という緑色のものがあるからです（こちらについても、中学校で習います）。

それでは、葉緑体はどうして緑色なのでしょうか？

それは葉緑素（クロロフィル）という緑色の粒があるからです（こちらについては、高等学校で習います）。

## それでは葉緑素はどうして緑色なのでしょう?

これはなかなか難しい質問です。

太陽の光は虹の7色（赤・橙・黄・緑・青・藍・紫）に分かれます。葉緑素は、その中の緑色以外の6つの色を使って光合成をします。そして、使わない緑色は跳ね返します。そのため、葉緑素は反射して緑色に見えます。したがって葉っぱも緑色に見えるのです。

## それでは、葉緑素はどうして緑色の光を使わないのでしょう?

これはもっともっと難しい質問です。

7色のうち真ん中の色である緑色は、エネルギーが強すぎるためだとも言われていますが、じつはまだ研究中で、よくわかっていません。

つまり、葉っぱがどうして緑色をしているのか、本当のところはわかっていない謎なのです。

## 例外には理由がある

葉っぱは表のほうが緑色が濃くて、裏は薄い。本当でしょうか?

表と裏が同じ色をしている植物があります。エノコログサのようなイネ科の植物です。どうして、表と裏が同じ色なのでしょう。

エノコログサの葉っぱは、どちらを向いていますか? 光はどこに当たるでしょうか?

葉っぱにある線(葉脈)の部分は、緑色が薄くなります。これは、線の部分には葉緑体が少ないからです。しかし、線の部分の緑色が濃い雑草もあります。

エノコログサは、葉っぱが取り込んだ空気(二酸化炭素)を、葉っぱの奥の線のまわりに送り込んで光合成をするしくみになっています(C4植物といいます。こちらも高等学校で習います)。そのため、線のところに葉緑体が多くあるのです。うーん、「葉っぱが緑」って、じつに謎が多い!

すごい！スーパーターボ！

エノコログサの葉っぱは二酸化炭素をギュッと濃縮して光合成することができる

オモテとウラの色が同じ

線のところに葉緑体がある

# 葉っぱって、みどり?

| 季節 | 春〜夏 | 対象 | 全学年 (色の見方が定まる前の低学年を推奨) |

## 本時の目標と身につく力

● 折り紙の緑色と比較しながら、同じ色の葉っぱを探している。

（知識・技能）

## 本時の指導計画

| 児童の活動 | 指導上の留意点(●)と評価(●) |
|---|---|
| 1. 葉っぱは何色かを話し合う。 | ● 緑色が大半を占めると考えられるが、違う色のことを出してくる児童もいるかもしれない。緑色にしぼってもよいが、発言に出てきた色は尊重するようにする。 |
| 2. 緑色の葉っぱを探しに行く。 | |
| 折り紙の緑色と同じ色の葉っぱを探しに行こう。 | |
| | ● 緑色の折り紙を小さくしたものを一人一枚持って校庭で同じ色のものを探す。<br>● 折り紙の緑色に近い色の葉っぱを取ってくる。<br>● 時間になったら帰ってくるようにする。<br>● 折り紙の緑色と比較しながら、同じ色の葉っぱを探している。(知・技) |
| 3. 取ってきたものを交流する。 | ● 机の上で横軸に緑の濃さ、縦軸に明るさの視点で並べてみる。<br>● 画用紙や和紙、上質紙の色見本などさまざまな緑色を用意し、比べるようにしてもよい。 |
| 4. 他の色の葉っぱも探してみる。 | ● 赤や黄色など、他の色でも挑戦する。 |

# 5 これってタンポポ?

## タンポポに似た雑草を探してみよう

タンポポはみんなが知っている雑草です。でも、タンポポに似ている雑草もあります。どこが似ていて、どこが違うのでしょうか? みんなが知っているタンポポから、植物の区別の仕方について考えてみましょう。

準備するもの ノート、クレヨンや色鉛筆、植物図鑑など

### すすめかた

1 タンポポの絵を描いてみよう。
見なくても描けるかな?
茎や葉っぱも描いてね。

2 葉っぱはどんな形だったろう?
茎の途中に葉っぱはついていたかな?
実際に外に出て、
本物を見て確かめてみよう。

3 みんなが取ってきたタンポポを
並べて比べてみよう。

4 違う種類のタンポポはあるかな?
どこが同じだろう?
どこが違うのだろう?

- 植物を観察する練習です。タンポポを正確に当てることが目的ではありません。
- タンポポに似ている花は、春に多く咲きます。春の季節に適したプログラムです。

もっと知りたい人のために

## 校庭で見つかるタンポポに似た雑草

### ブタナ

花茎が分かれて複数の花をつけ、葉っぱは毛で覆われている。ブタが好むことから名づけられたとか。

### オニタビラコ

タンポポよりも花が小さく数が多い。探してみるとタンポポよりもたくさん見つかるかも。

### ノゲシ

地面の近くで花を咲かせるのがタンポポ。ノゲシは茎が伸びて背が高く、葉の切れ込みがめくれている。

### ジシバリ

花はタンポポに似ているが葉の形が違う。茎が横に伸びるので「地面をしばる」という意味が名前の由来。

# 5 これってタンポポ?

| 季節 | 春 | 対象 | 全学年 （1・2年の生活科で関連づける） |

## 本時の目標と身につく力

● タンポポを比較しながら観察している。（**知識・技能**）

## 本時の指導計画

| 児童の活動 | 指導上の留意点（🟢）と評価（🟠） |
|---|---|
| 1. 自分の思いえがく<br>タンポポを表現する。 | ● ノートやワークシートに自分の思う<br>タンポポを描くようにする。<br><br>● 描けない状況になる児童がいる場合は、何が知りたいのかを問いかけ、全体で共有しておく。実際に観察をしたときに、どんなところを見ればよいかが明確になる。 |
| 2. タンポポを探しに行こう。 | ● とても長いので難しいが、なるべく<br>根っこまで引き抜いてくるようにする。<br><br>● 自分の取ってきたタンポポを観察し、最初に描くことができなかったところを確認する。<br><br>🟠 **取ってきたタンポポを観察し、記録している。（知・技）** |
| タンポポを取ってこよう。 | |
| 3. 取ってきたタンポポを<br>比べてみよう。 | ● 比較しながら共通点や差異点を明らかにする。<br><br>🟠 **取ってきて集まった、さまざまなタンポポを比較しながら観察している。（知・技）**<br><br>● ある程度共通点や差異点がまとめられた段階で、それぞれが本当にタンポポなのか、図鑑等を使って検証する。 |

# 植物の名前の由来

## 昔の人の
## ネーミングセンス

　雑草にもそれぞれ名前があります。その名前はどうやってつけられているでしょうか?

　「○○に似ている」と、何かに見立てたものもあります。しかし、その名前は現代の私たちにはピンとこないものも多いです。

　たとえばスミレは、昔の大工さんが使った「墨入れ」という道具に似ていることから名づけられました。

　カモジグサは、「つけ髪(毛)」に由来しています。昔の女官たちの間で、「もじ」をつけた言葉が流行したという説があります。「かもじ」は「髪」という意味なのです。

　かわいそうな名前もあります。「ハキダメギク」はゴミ捨て場(掃きだめ)で見つかったことに由来しています。「ヘクソカズラ」も臭いことから名づけられました。

　現代の私たちなら、どんなものに見立てるでしょうか。そして、どんな名前をつけるでしょうか?

## 子どもたちが
## つけたであろう名前

　子どもたちがつけたとしか思えない名前もあります。

　タンポポの由来は諸説ありますが、「タンポンポン」という鼓(つづみ)の音に由来したとする説が有力です。茎に切れ目を入れて水につけると鼓のように鳴るのが、その由来とされています。

　カヤツリグサは、漢字で書くと「蚊帳吊り草」です。三角形の茎の両端を二人で持って裂いていくと、四角く蚊帳を吊ったようになるのが、名前の由来です。

　いずれも、草遊びをする子どもたちでないと思いつかないであろう名前です。

## 観察するのは
## 花だけじゃない

　花は目立ちますが、葉っぱや実など、花以外のところを見立てにして名前がついていることもあります。校庭に見られるスカシタゴボウは、「ゴボウかと思ったらすかされた(だまされた)」ことに由来しています。草取りをしながら、名づけられたのでしょうか?

# 自分の言葉で話してみよう

## 表現力を鍛える

# 6 この雑草、どんな名前?
## 雑草に自分だけの名前をつけてみよう

雑草には、それぞれ名前があります。それらの植物名は、過去に誰かが名づけたものです。また、図鑑に載っている雑草の名前は昔の人の言葉でつけられていることが多いです。皆さんなら、どんな名前をつけますか?

**準備するもの** ワークシート、タブレットなど

## すすめかた

**1** 何でもよいので、
お気に入りの雑草を1つ取ってこよう。
どうして、その雑草を選んだのかな?
お気に入りのところは、どこだろう?

正式名 ドクダミ
例えば……
スペードグサ
とか?

**2** その雑草は、どんな色や形をしている?
何かに似ているかな?

ヒメジョオン
何かに似てる

**3** その雑草の特徴が伝わるように
名前をつけてみよう。
例えば……
タケコプターフラワー、わたあめ草など。

UFO草!

● 正解はありません。どんな答えでもＯＫ。子どもによって同じ種類の雑草に、違う名前がついてしまってもＯＫです。すべての回答を認めてあげてください。

● どうしてその名前をつけたのか、子どもたちの声に耳を傾けましょう。

● 例えば、「エリカ」というように、人の名前をつける子がいるかも。どうして、その名前をつけたのか、子どもたちに聞いてみましょう。「かわいいから」というように、きっと理由があるはずです。

● もし自分たちで雑草を選ぶのが難しければ、先生が取ってきた雑草にみんなで名前をつけても面白そう。エノコログサやシロツメクサに、自分だけの新しい名前をつけてもよいですね。

● みんながつけた名前でクラスの雑草図鑑を作るのもよいでしょう。

● 「『わたあめ草』ってどの草かな？」というように、みんながつけた名前の雑草を、校庭に探しに行っても面白そう。もちろん、正解（同じ雑草）を見つけられなくてもOK。

## 挑戦してみよう

　生物には、世界共通の学名と呼ばれるものがあります。学名はラテン語という、世界一難しい言葉でつけられています。ラテン語は話し言葉として使うことがないので、永遠に変わらないというのが理由のようです。

　たとえば、セイヨウタンポポの学名は、「タラクサカム・オフィシナーレ（Taraxacum officinale）」といいます。タラクサカムは苦い草、オフィシナーレは薬用という意味があります。つまり、日本語では「ニガイケド・クスリニナール」みたいな感じです。子どもたちだけに通じる学名を勝手つけてみましょう。

### 【解説】
　実際には、学名は属名と種小名という２つの名前でつけられます。属名と種小名は、苗字と名前の関係に似ています。タラクサカムはタンポポの属名です。これは「タラクサカムというグループに属しています」という意味です。つまり、セイヨウタンポポの学名は「タラクサカムというグループに属したオフィシナーレ」という意味になるのです。

# 6 この雑草、どんな名前?

季節 通年　　対象 全学年

## 本時の目標と身につく力

● 既存の名前にとらわれず、雑草の特徴を観察できる。（**知識・技能**）
● 雑草の特徴からオリジナルの名前をつけている。
　（**思考力・判断力・表現力等**）

## 本時の指導計画

| 児童の活動 | 指導上の留意点(●)と評価(●) |
|---|---|
| 1. 校庭に生えている植物について考える。（どこに?　どんな?） | ● 児童の発言を取り上げながら、「今日は雑草について考えてみましょう」というように、必ず雑草について目を向けるようにする。 |
| **雑草にオリジナルの名前をつけよう。** | |
| 2. 雑草を探しに行き、取ってくる。 | ● 探しに行く前に、五感を使って観察するように伝えておく。（ただし、安全上の理由から「味覚」は使わないことも伝えておく。）<br>● できるだけ根も抜いてくるようにする。<br>● タブレットで、抜いた雑草の周辺の様子を撮影する。 |

| 児童の活動 | 指導上の留意点(●)と評価(●) |
|---|---|
| 3. 各自が選んできた雑草の特徴を探す。 | ● 例を示す。<br><br>● グループで、互いの取ってきた雑草について気づいたことを伝えあう場を設定する。<br><br>● ワークシートに記入。<br><br>● タブレットで探した雑草の生育環境の特徴も、ワークシートに書いてよいこととする。<br><br>● **ワークシートに特徴を書き込んでいる。**（知） |
| 4. その特徴が伝わる名前をつける。 | ● どんな名前をつけてもよいことを伝える。<br><br>● 困っている児童には、「一番印象に残ったところは?」「どこが気に入っているかな?」など、ワークシートの言葉に注目しやすいようにする。 |
| 5. つけた名前を発表する*。<br><br><br><br>*クラス全体に自分の意見を表すイメージ | ● タブレットで撮影した写真をクラスごとに集め、後日ワークシートに貼る。<br><br>● **見つけた特徴をもとに、名前をつけたり、ひとことPRを書いている。**（思）<br><br>**ワークシート (例)** |

# 7 伝説の雑草を探そう

### あなたが見つけた雑草は「伝説の雑草」かもしれない

もし、見つけた雑草が「伝説の雑草」だとしたら、どんな名前でしょうか？
いったい、どんな伝説や言い伝えがあると思いますか？
自由に想像して、雑草伝説を創ってみましょう。

**準備するもの** タブレット、印刷した写真など

## すすめかた

**1** 何でもよいので、
見つけた雑草の写真を撮ろう。

**2** あなたが見つけた雑草は、
「伝説の雑草」です。
どんな名前の雑草かな？
自由にオリジナルの
名前をつけてみよう。

**3** その雑草には、
どんな伝説や言い伝えがあるだろう？
想像をふくらませて、
あなたが見つけた
「伝説の雑草」を紹介してみよう。

**7**

# 伝説の雑草を探そう

| 季節 | 通年 | 対象 | 全学年（国語の物語づくりと関係づける） |

## 本時の目標と身につく力

● 撮った雑草の写真をもとに雑草伝説を考え、表現している。

（**思考力・判断力・表現力等**）

## 本時の指導計画

| 児童の活動 | 指導上の留意点(●)と評価(●) |
|---|---|
| 1. 伝説とは何か、理解する。 | ● 教師が雑草を持ってきて、「これは、伝説の植物なんだ。伝説とは、特定の事や物について古くから人々に信じられ語り継がれてきた話のこと」と説明し、伝説について共通理解をはかる。この後の話を、児童とやり取りをしながらイメージをふくらませる。 |
| 2. 一人一点、雑草の写真を撮ってくる。 | ● いろいろなアングルから撮った写真を紹介することで写真を撮る時の意識づけを行う。 |
| 3. 写真を撮った雑草をもとに、雑草伝説を作る。 | ● 撮った写真をもとに雑草伝説を考える。<br>● **写真をもとに雑草伝説を作り、表現している。**<br>（**思・判・表**）<br>● 伝説を思いつきにくい児童のために例やフォーマットを用意しておく。 |
| 雑草伝説を作ろう。 | |
| 4. 考えた雑草伝説を発表し、交流する。 | ● グループで写真を交換して見合う。<br>● （後日）写真を印刷してファイリングし、教室に置き、自由に閲覧できるようにする。 |

# 8

# 自分だけの雑草カードを作ろう

## 見つけた雑草の特性を考えてみよう

子どもたちが好きなポケモンカードには、ポケモンのさまざまな特徴が書かれています。ポケモンのかわりに雑草でオリジナルのカードを作ってみましょう。そのためには、よく観察しないとカードは作れません。カード作りを通して、雑草にもいろいろな種類や特徴があることに気づかされます。

**準備するもの** 雑草カード（教師が作った例）、雑草カードの枠（書式）、タブレットなど

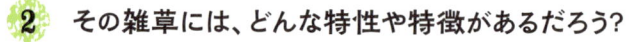

## すすめかた

**1** 雑草カードを作るよ！

●外に生えている雑草の中から紹介したいものを
1つだけ選んで、写真を撮ってこう。
※イラストを描いたり、雑草をオリジナルの
キャラクターにしてみてもいいかも。

●雑草にオリジナルの名前をつけて
カードを作ろう。

**2** その雑草には、どんな特性や特徴があるだろう？

●この雑草は何に強いだろう？
弱点は何だろう？　よく観察してみよう。
雨の日と晴れの日はどちらが元気だろう？
何に強そう？　踏まれることに強そう？
抜かれることに強そう？
群れを作る（集まって咲く）か、
孤独を愛するか？

●もし、「○○タイプ」「○○グループ」と
名づけるとしたら、
どんな分け方ができるだろう。
何でもいいけど、「草タイプ」だけはやめておこう。
みんな植物だからね。

夏 グループ
□道ばた・田んぼ
□群れる
□レア→4枚葉

日差しに強い！

地をはう！

「みんなが選んだ雑草カードの雑草と同じ仲間はいるのかな？」
「もし、仲間がいるとしたら、どんな場所に生えているだろう。共通した特徴はあるかな？」

「葉っぱだけ」→「花が咲いている」→「タネができている」といった雑草の進化のカードは作れるだろうか？　挑戦してみよう。

## 進化って何だろう？

　ポケモンの「進化」は、1つの個体が進化をしていきます。主人公がウルトラマンに変身したり、子どもが大人になるような変化を遂げます。ヤゴがトンボになったり、オタマジャクシがカエルになったりするのにも似ています。

　一方、理科の教科書でいうところの生物の進化は、何世代も経て少しずつ変化をしていきます。サルが進化をして、私たち人間になるのが生物学でいう進化。どうやら、同じ「進化」という言葉でも、ポケモンの世界と、理科の教科書では使い方が違うようです。

# 8 自分だけの雑草カードを作ろう!

季節 春〜夏 　対象 中学年

## 本時の目標と身につく力

- カードを作るために、
  雑草の特性や特徴に注目しながら
  観察をしている。（知識・技能）

## 本時の指導計画

| 児童の活動 | 指導上の留意点(●)と評価(●) |
|---|---|
| 1. 雑草カード作りのために、自分のカードの題材にする雑草を探しに行く。 | ● 本題に入る前に、みんなが興味を持つことができそうな「〇〇カード」の話題を出し、期待を膨らませる。<br>● 事前に作っておいた「雑草カード」の例を示す。 |
| 2. 雑草カードを作る。 | ● 雑草カードの枠(書式)を児童のタブレットに送信しておく。<br>● **雑草カードに表現するために、雑草の特性や特徴に注目して観察している。（知・技）** |
| 〇年〇組の雑草カードを作ろう。 | |

| 児童の活動 | 指導上の留意点（🟢）と評価（🟠） |
|---|---|
| 3. 各自が作ったもので交流する。 | 🟢 交流したものをもとに、<br>共通点のある雑草を「〇〇タイプ」と<br>タイプ別に分けていく。<br>（ある程度の期間、<br>継続して観察しながら、<br>特徴をつかんでもよい）。<br>（進化について考える場合は、<br>さらに長期の観察が必要になる）。 |
| 4. クラスのオリジナル<br>　　雑草カードを作る。<br> | <br> |

※後日、各自が作った雑草カードをカード用の紙に印刷して配布すると、
　休み時間にそのカードを使って遊ぶ児童が出てくるかもしれません。

# 9 〇〇っぽい雑草
## お題に合った雑草を探してみよう

「植物を観察しなさい」と言われても、どこを観察すればよいのかわからず、簡単にはできません。お題に合った雑草を探すためには、観察する力、自分の知識とつなげる力、説明する力の3つの力が必要です。お題を解いていくうちに、子どもたちは観察する力を、みるみるつけていくことでしょう。

**準備するもの** ワークシート、タブレット

## すすめかた

**1** 動物っぽい雑草を探してこよう。

**2** どうして、その雑草を選んだの?

**3** 〇〇っぽい雑草を取ってこよう。
例えば……お菓子っぽい雑草、
ひみつ道具っぽい雑草、
夏っぽい雑草、などなど。
みんなの大好きなアニメでも
キャラクターでもOK。
答えがないから、お題も何でもいいよ。

※お題が1つだと難しいかもしれません。
　複数のお題を出して、
　その中から選んでもらうようにすると
　やりやすいと思います。

**4** どうして、その雑草を選んだの?

**5** 最後に「自分っぽい雑草」を取ってきて、
みんなで自己紹介してみよう。
自分のことを紹介することが難しかったとしても、
「自分っぽい雑草」なら、紹介できるかも。

● みんなで考えたお題「○○っぽい」を自由にそれぞれ紙に書いて、その中から抽選で
お題を選んでも面白そう。

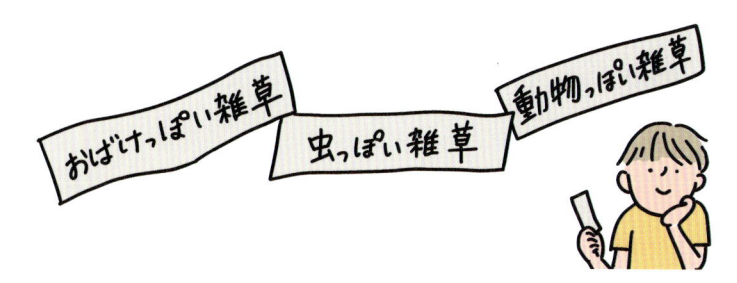

みんなが取ってきた「○○っぽい雑草」をみんなでグループに分けてみましょう。
どんな分け方でもＯＫ。名前はわからないままでＯＫ。
さあ、どんな分け方ができるかな？

# 9 〇〇っぽい雑草

| 季節 | 通年 | 対象 | 全学年 |

## 本時の目標と身につく力

● 雑草の観察をしながら、お題に合った雑草を探している。
（**知識・技能**）
● どうしてその雑草を選んだのか、自分なりの考えを表現している。
（**思考力・判断力・表現力等**）

## 本時の指導計画

| 児童の活動 | 指導上の留意点(●)と評価(●) |
|---|---|
| 1.「動物っぽい雑草」を探してくる。 | ● 各自で自分の思いえがく「動物っぽい雑草」を探しに行く。<br>● 実際に取ってきてもいいが、動物っぽく見える角度でタブレットを使って撮影してもよい。 |
| 「動物っぽい雑草」を探してみよう。 | |
| 2. その雑草を選んだ理由を発表して交流する。<br> | ● 選んだ理由を考え、ワークシートに記入する。<br>● グループで交流する。 |

| 児童の活動 | 指導上の留意点(●)と評価(●) |
|---|---|
| 3.「〇〇っぽい雑草」を探す。 | ● みんなでお題を考える。<br><br>● お題を複数選んでおいて、その中から、各自が自由に選べるようにする。<br><br>● **雑草をお題と照らし合わせて観察している。**（知・技） |
| 4. その雑草を選んだ理由を発表して交流する。 | ● 選んだ理由を考え、ワークシートに記入する。<br><br>● **どうしてその雑草を選んだのか、自分なりの方法で考えを表現している。**（思・判・表）<br><br>● グループで交流する。<br>　同じお題を選んだ児童同士で交流<br>　違うお題を選んだ児童同士で交流<br>　（どちらかでもよい）<br><br>● 全体でも交流する。 |
| 5.「自分っぽい雑草」を探してくる。その雑草で自己紹介をする。 | ● 児童が見つけたものを肯定しながら紹介する。 |

明るくて
どこでも
目立つ！

外が好き！
知らない人と
すぐ仲良しに
なれる。

タンポポ

# 10 推し雑草総選挙

## みんなが好きな雑草を推してみよう!

幅広いジャンルから自分の推しを見つけるのは難しくても、「雑草」にしぼって好みのタイプを探してみると、推しの雑草が見つかるかもしれません。どうしてその雑草を選んだのか、その雑草のどこが好きで何がすごいのか、みんなで自慢したり紹介しましょう。

### すすめかた

**1** 今日は、「推し雑草」の総選挙をするよ。
雑草をアイドルに見立て、「推しの雑草」をひとり1つ取ってこよう!
写真を撮ってくるのでもOK。

● もしかすると「推しの雑草」という言葉だと
伝わりにくいかもしれません。
そんなときは、「好きな雑草はどれだろう?」
「きれいだと思う雑草はどれかな?」
「強そうな雑草や見た目がカッコよかったり、カワイイものはどれだろう?」
「見たことがあるもの、遊んだことあるものは?」
と導いてあげましょう。

**2** どうしてその雑草を好きなの?
どこが気に入った?
みんなで「推し雑草」を
紹介し合ってみよう。

- 順位を決めることが目的ではありませんが、みんなの紹介を聞いた上で、アイドルみたいに、雑草の「センター」や「神セブン」を投票で決めてみても面白そう。ただし、票が入らないと悲しい気持ちになる可能性も。順位を発表するのは、上位だけにするとよいかもしれませんね。

挑戦してみよう

　昔の人は「春の七草」や「秋の七草」を選びました。いったい、どんな植物が選ばれているのだろう？　調べてみましょう。

### 春の七草

春の七草は、セリ・ナズナ・ゴギョウ・ハコベラ・ホトケノザ・スズナ・スズシロ。これらをおかゆにして1月に食べる七草がゆの習慣は江戸時代に広まったとか。

### 秋の七草

左上から、ハギ、ススキ、キキョウ、ナデシコ、フジバカマ、オミナエシ、クズ。秋の七草は、日本最古の歌集『万葉集』の奈良時代の歌人、山上憶良（やまのうえのおくら）の歌に始まる。

# 雑草を食べてみたい

「雑草を食べてみたい」「食べられる雑草を教えてほしい」、そんな質問がよくあります。

もっとも私たちは、雑草を食べることをおすすめしません。道ばたに生えている雑草には、除草剤がまかれているかもしれません。あるいは、犬がおしっこをかけているかもしれないのです。

しかし、学校の校庭は違います。管理が把握された校庭の中であれば、安心して雑草を採取して食べてみることもできるのです。

校庭の雑草に、有毒なものはほとんどありません。ただし、よくわからない雑草をむやみに食べることはお薦めしません。

ちなみに、図鑑を見ると食べられる野草が紹介されていることがあります。しかし、ただ食べられればよいというものでもありません。私たちはスーパーで野菜を買うときにも、いろいろと吟味しますよね。とうが立って花が咲いたような雑草はおいしくありません。やせた葉っぱや、病気の葉っぱもおいしくはありません。

せっかく食べるのであれば、おいしそうな若い葉っぱを選ぶことにしましょう。

---

## おすすめの雑草

**ハコベ**　　**スベリヒユ**　　**タンポポ**

# 自分の頭で考えてみよう

## 思考力を鍛える

# 11 雑草ど〜こだ?

かくれんぼしている雑草の写真を撮ろう

雑草は意外なところにも生えています。「こんなところに生えている!」と、子どもたちが驚くような場所にかくれている雑草を探しに外へ出てみましょう。

準備するもの かくれた雑草の写真、タブレット、ワークシートなど

## すすめかた

**1** かくれんぼしている雑草の写真を
タブレットで撮ってこよう。

**2** どうしてそこに、
かくれていたのかな?
●簡単に抜かれないようなところかな、
踏まれないようなところかな?

**3** 植物の発達や成長に
必要なことは何だろう?
光や水や土の栄養?
かくれんぼしている雑草に、
光や水や土はちゃんとあるかな?

**4** もし、みんなが雑草なら
どこにかくれるかな?
それはどうしてだろう?

電柱の陰

側溝の中

タイヤ遊具のウラ

## すすめかたのポイント

●低学年には難しいかも。そんなときは、先生や保護者が撮ってきた雑草の写真を見せてもOK。
●誰か他の児童が撮ってきた写真をヒントに、その雑草が生えている場所を探しに、学校探検に出掛けても面白そう。

# 11 雑草ど～こだ？

| 季節 | 通年 | 対象 | 高学年 | ( 理科5年「植物の発芽と成長」の学習後 または6年「生物と環境」の学習後など ) |

## 本時の目標と身につく力

● かくれるように育っている雑草は、なぜその場所で育っているのか
理由について考えている。（**思考力・判断力・表現力等**）

## 本時の指導計画

| 児童の活動 | 指導上の留意点（●）と評価（●） |
|---|---|
| 1. 植物の成長に必要な条件を復習する。<br>2. 大型テレビに写真を映し、かくれた雑草を探す。 | ● これまでの学習の復習として、発芽に必要な条件、成長に必要な条件を黒板に整理しておく。<br>● かくれた雑草の写真を事前に撮っておき、例として活用する。<br>（校庭の雑草の写真に限らなくてもよい） |
| 3. かくれんぼしている雑草を探し、写真を撮る。 | ● タブレットを持って、校庭に行き、かくれている雑草の写真を撮ってくる。<br>● 全員が教室に戻ってきたところで、各自が撮ってきた写真を見せて交流する。 |
| 4. かくれた場所に生えている理由について考える。 | ● 各自でワークシートに記入。グループで交流し、全体でも共有する。<br>● 全体共有のときには、はじめに板書した成長に必要な条件がそろっているかについても確認をする。<br>● なぜ、雑草はかくれるように育っているのか、友だちの意見を聞きながら考えている。（思・判・表） |
| | 雑草はなぜ、かくれた場所で育っているのだろうか。 |

# 12 雑草の気持ちになってみよう

## そうすることで、植物の求める環境がわかるかも?

植物が成長するために必要なものは、水と光と土の栄養です。逆に言えば、水や光や土の栄養が足りないと植物は育ちません。ライバルになる植物が近くにあったり、踏まれたり、草取りされたりと、さまざまな困難も降りかかってきます。植物の気持ちになってみれば、それを体感できるかもしれません。

準備するもの 例文など

## すすめかた

**1** 自分が主人公にしたいと思う雑草の写真を撮ってこよう。

**2** 雑草の気持ちになって、その写真にタイトルをつけてみよう。

生きるチカラ
（メヒシバ）

空を飛びたいな
（シロツメグサ）

## 挑戦してみよう

● 雑草の気持ちになって詩を書いてみてもいい。
● 雑草の気持ちで日記をつけても面白いかも。雨の日、曇りの日、晴れの日、暑い日、寒い日、雑草はどんな気持ちで、どんな日々を送っているのだろう。

　詩人と童話作家である工藤直子さんの詩には、植物や生き物たちの気持ちになった作品が多くあります。

「ひるねのひ」　すみれほのか

きょうは　あたたかい
かぜが　やさしいね
ちょうちょ　とんでるよ
ありも　あるいてる

かげろうが　ゆれてるね
ひるね　したくなる
すみれいろの　ゆめ
きっと　みられるね

ひるねから　さめて
せのび　してみれば
まだ　ひはながい
とろとろと　はるのひ

「ねがいごと」　たんぽぽはるか

あいたくて
あいたくて
あいたくて
あいたくて

・・・

きょうも
わたげを
とばします

（「ひるねのひ」『のはらのうたⅠ』工藤直子著、童話屋、1984より、「ねがいごと」『のはらのうたⅢ』工藤直子著、童話屋、1987より）

　大関松三郎さんという詩人が歌いあげた、こんな詩もあります。

「雑草」　大関松三郎

おれは雑草になりたくないな
だれからもきらわれ
芽をだしても　すぐひっこぬかれてしまう
やっと　なっぱのかげにかくれて　大きくなったと思っても
ちょこっと　こっそり咲かせた花がみつかれば
すぐ「こいつめ」と　ひっこぬかれてしまう
だれからもきらわれ

だれからもにくまれ
たいひの山につみこまれて　くさっていく
おれは　こんな雑草になりたくないな
しかし　どこから種がとんでくるんか
取っても　取っても
よくもまあ　たえないものだ
かわいがられている野菜なんかより
よっぽど丈夫な根っこをはって生えてくる雑草
強い雑草
強くて　にくまれもんの雑草

（『大関松三郎詩集　山芋　解
説と指導記録』寒川道夫編著、
講談社文庫、1979より）

　他に、童謡「ぞうさん」などの作詞で知られる、まど・みちおさんのこんな詩もあり
ます。小さな生き物の気持ちになって、雑草の詩を作っても面白いかもしれません。

「タンポポ」　まど・みちお

だれでも　タンポポをすきです
どうぶつたちも　大すきです
でも　どうぶつたちは
タンポポの　ことを
タンポポとは　いいません
めいめい　こう　よんでいます

イヌ　　　　・・・　ワンフォフォ
ウシ　　　　・・・　ターモーモ
ハト　　　　・・・　ポッポン
カラス　　　・・・　ターター
デンデンムシ・・・　タンタンポ
タニシ　　　・・・　タンココ
カエル　　　・・・　ポポタ
ナメクジ　　・・・　タヌーペ
テントウムシ・・・　タンポンタン
ヘビ　　　　・・・　タン
チョウチョウ・・・　ポポポポ

（『ことばのうた（まど・みちお詩集5）』
まど・みちお著、かど創房、1975より）

# 12 雑草の気持ちになってみよう

季節 通年　　対象 3年生以上

## 本時の目標と身につく力

● 雑草の気持ちになって、自分なりの方法で表現している。
（**思考力・判断力・表現力等**）

## 本時の指導計画

| 児童の活動 | 指導上の留意点(●)と評価(●) |
|---|---|
| 1. 例文を示す。 | ● あらかじめ作っておいた例文か、国語の教科書に載っているなりきり作文のようなものを準備しておき、例として示す。<br>● くどうなおこ著「のはらうた」(63ページ参照)を取り上げてもよい。 |
| 2. 校庭に出て、自分が表現したい雑草の写真を撮りに行く。 | ● アップとルーズ*やアングルを変えて撮影することを説明する。 |
| 雑草の気持ちを表現しよう。 | |
| 3. 雑草になりきって、文章で表現する。 | ● 「文章で表現」「詩に表す」「漫画の吹き出しにセリフ」「写真にタイトルをつける」など、表現方法としていくつかのパターンを提示する。そのために、ワークシートを複数用意したり、タブレットの写真に吹き出しを加工できたりすることを確認しておく。<br>● **雑草の気持ちになって、自分なりの方法で表現している。(思・判・表)** |
| 4. 考えた文章を発表する。 | ● 授業後、撮影してきた写真を印刷し、作文集を作成して教室に置き、自由に見られるようにする。 |

＊　撮りたいものに近づいて大きく写すことをアップ、離れて広範囲で写すことをルーズという。

# 13 小さいタンポポ、大きいタンポポ
## 大きさが違うのはどうして?

春になると、道端や公園などあらゆる場所で見かけるタンポポ。よく見ると、どうやら大きいタンポポと小さいタンポポがあるようです。同じタンポポなのに、どうして大きさが違うのでしょう?

### すすめかた

**1** タンポポがたくさん生えている場所で、一番小さいタンポポを探してみよう。

**2** 今度は、一番大きいタンポポを探してみよう。

**3** 生えていた場所に、どんな違いがあったかな?

**4** どうやら、踏まれ方によって大きさが違うようだね。踏まれやすいところには小さなタンポポ、踏まれにくいところには大きなタンポポがあるようだよ。

### すすめかたのポイント

● 大きいタンポポや小さいタンポポを探すときに、タンポポと違う植物を「タンポポだ!」と言う子どもがいるかもしれません。それでも大丈夫。タンポポとタンポポではない雑草が混じっていても、踏まれ方と大きさの関係性(踏まれている場所には小さい雑草が生える)について導くことができます。

※どうしても、タンポポと他の雑草を区別したい場合は38ページ参照。

● 学校によっては、タンポポがあまり生えていないことがあります。その場合は、事前にタンポポがまとまって生えているところを見つけておく必要があります。

● シロツメクサでも、同じすすめかたができます。

# 14 草相撲チャンピオン

## どっちが強いか、勝負だ！

子どもたちが大好きな草花あそび。その草花あそびの中には、単に「楽しい」だけでなく、たくさんの「？」が詰まっています。草花あそびの代表格である「草相撲」を通して、観察のヒントを見つけましょう。

## すすめかた

**1** 草相撲って知ってる？
茎をからませて引っ張り合い、
先に茎がちぎれた方が負けです。

**2** 強そうな雑草を取ってこよう。

**3** さぁ、勝負だ。

**4** どんな雑草が強かったかな？
強い茎の雑草には、どんな特徴がある？

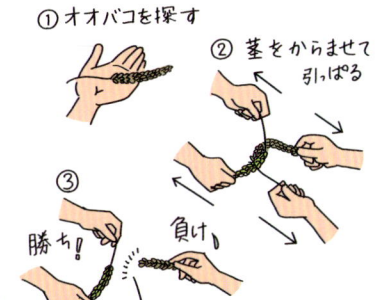

①オオバコを探す
②茎をからませて引っぱる
③勝ち！ 負け

## もっと知りたい人のために

オヒシバとメヒシバという、よく似たイネ科の雑草があります。オヒシバとメヒシバで草相撲をすると、どちらが強いでしょう？

### オヒシバ

オヒシバの別名は「力草」。なかなか抜けない根っこと、なかなかちぎれない頑強な茎が名前の由来。踏みつけられることにも強く、繁殖力が旺盛。メヒシバに比べて株や茎が太く短く、葉は硬い。漢字で書くと雄日芝。

### メヒシバ

オヒシバより草丈が高く、茎は細くしなやかで、ちぎれやすい。茎の途中には節があり、ちぎれた茎の節から根を出すことで繁殖する。そのため、耕されたり、草取りされるような茎がちぎれる環境で生きることが大得意。漢字で書くと雌日芝。

　カヤツリグサの茎は断面が三角形をしています。断面が丸い茎の雑草と三角形の茎の雑草で草相撲をすると、どちらが強いかな？

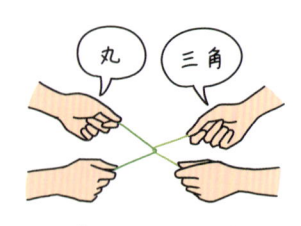

どちらが強い？

茎の断面が
三角形だよ♪

## カヤツリグサ

漢字で書くと「蚊帳吊り草」。蚊帳とは蚊にさされないように就寝時に室内に吊る四角い網のこと。カヤツリグサの茎を真ん中から裂くと四角形ができる。これが蚊帳に似ていることが名前の由来。

茎の断面が
丸いよ！

## チカラシバ

根を張り、なかなか引き抜けないことから、「力芝」と名づけられました。茎も強くてなかなかちぎれません。

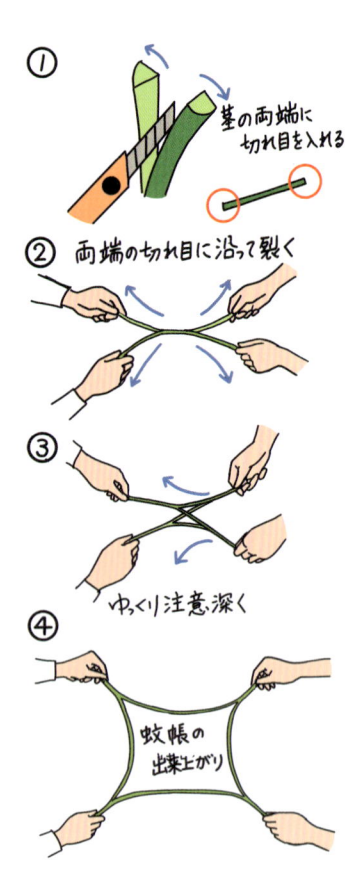

① 茎の両端に切れ目を入れる

② 両端の切れ目に沿って裂く

③

ゆっくり注意深く

④

蚊帳の出来上がり

## カヤツリグサで作る蚊帳

# 14 草相撲チャンピオン

| 季節 | 春〜夏 | 対象 | 全学年（5年生活科「季節の変化と生活」<br>6年生活科「自然や物を使ったあそび」） |

## 本時の目標と身につく力

● 複数の雑草を比べながら観察して特徴を見つけている。

（知識・技能）

## 本時の指導計画

| 児童の活動 | 指導上の留意点(●)と評価(●) |
|---|---|
| 1. 草相撲について知る。 | ● 見本を見せて、<br>どんなあそび方なのかを知らせる。 |
| 2. 草相撲に強そうな雑草を取ってくる。 | ● 校庭に出て<br>なるべく強そうな雑草を取ってくる。<br>● 途中で自分で試しながらより強いものを探す。<br>● 取ったものをすべて教室に持ってくる。 |
| 3. 草相撲で強い雑草はどれか、実際にやってみる。 | ● グループで交流する。 |
| 4. どんな雑草が強かったのか、比較しながら観察する。 | ● 自分が取ってきた雑草を比較しながら観察し、強い雑草の特徴を見つける。 |
| 強い雑草の特徴を見つけてみよう。 | |
| 5. 個人で確認した後、グループで交流する。 | ● 取ってきた雑草を比較しながら観察し、特徴を見つけている。(知・技) |

※公園や野外活動の場でも取り上げることができる。
※季節ごとに取り上げると、身近な雑草についての関心を高めることができる。

# 図鑑とのつき合い方 ①

## 図鑑は難しい

　植物の図鑑を見るのは難しい。

　何しろ植物図鑑は、ある程度、植物がわかる人にとって便利なつくりになっています。一般の人にとっての植物図鑑は、車がくわしくない人にとっての自動車のカタログだったり、旅好きではない人にとっての観光ガイドブックのようなものです。

　まず、図鑑はどこを見れば良いのかわかりません。図鑑は「○○科」という分類順になっていることが多いから、そもそもある程度の分類方法を知らないとどこを見てよいかわからないのです。

　そのため、1ページ目から順に似ている植物の絵合わせをしていくことになります。

　こうして図鑑を眺めていくことは楽しい人にとっては楽しいですが、苦痛な人にとっては、たまらなく苦痛なことです。

　子どもたちには子ども用の図鑑があります。これは、かなりわかりやすく、なぜなら、季節や花の色などから、調べることができる構成になっているからです。

　しかし、校庭には約200種もの雑草があります。子どもたちは数の少ないレアな雑草をめざとく見つけて持ってくるので、子ども用の簡単な図鑑では載っていない雑草が多いという問題があります。

## 区別するとは<br>どういうことだろう

　我々世代には人気アイドルグループのメンバーの区別がつきません。若い人にとって、「どこが似ているんですか？」というメンバー同士が同じに見えるのです。

　それでは、見た目で区別できるようなアイドル図鑑を作ることはできるでしょうか。強い目力、スラッとした手足、髪型もほぼいっしょ。しかも髪型は時と場合によって変化する。こうなると首筋にほくろがあるとか、笑うとえくぼができるとか、細かいところで区別するしかありません。

　植物図鑑も同じです。わかる人にとっては「全然違う別物」ですが、図鑑にするとまるで間違い探しのように似た項目が書かれています。挙げ句の果てに「虫めがねで見たときに毛がある」という細かい区別点で説明するしかありません。これが図鑑の限界なのです。

# ちょっとだけ科学してみよう

## 理科力を鍛える

# 黄色い花を探してこよう
## どうして、花の色はそれぞれ違うの?

黄色い花を探して取ってくるのは、観察のウォーミングアップとして難易度的にちょうどよいミッションです。しかも、黄色い花を探してみると……もしかしたら、さまざまな謎に出会えるかもしれません。

### すすめかた

**1** 黄色い花の雑草を探して取ってこよう。
　💡ヒント:黄色い花の雑草にはタンポポの仲間や、
　　　　　アブラナの仲間、カタバミなどがあります。
　　　　　春は特に黄色い花が多く咲きます。

**2** スミレやホトケノザなど紫色やピンク色の花を
咲かせている雑草を取ってこよう。

**3** 黄色の花は似ているところがあるかな?
紫色の花はどうだろう?
黄色の花と紫色の花をよく見比べてみたとき、
同じところはどこかな?
違うところはどこだろう?

### すすめかたのポイント

● 雑草の花の種類が多い春の季節がおすすめです。

【解説】
　植物は、昆虫を呼び寄せるために花を咲かせます。黄色い花は、主にアブの仲間を呼び寄せますが、アブがとまりやすいように、かんたんなつくりをしています。一方、紫色の花は、主にハチの仲間を呼び寄せています。ハチは細長い花の奥にもぐって蜜を吸うのが得意です。そのため、紫色の花は、ハチだけが蜜にたどりつけるような複雑なしくみになっているのです。
　ホトケノザなどの紫色の花にアブがやってきても、花の上をうろうろするだけで花の中に入ることができません。観察してみましょう。

# 16 雑草の根・茎・葉

いろいろな植物の形

「植物は、根と茎と葉からできている[*]」と教科書に書かれています。これは、どの植物にも当てはまるのでしょうか？　校庭の雑草で確かめてみましょう。

準備するもの　ワークシートなど

## すすめかた

**1** 雑草を抜いてみよう。
どの雑草にも根っこはあるかな?

**2** 葉と茎はどうだろう?
どの雑草にも葉と茎はあるかな?

**3** 葉っぱだけで茎がないものもある。
茎がないものは、ずっと
茎がないままなのかな?
続けて観察してみよう。

💡ヒント：じつは茎が地上からは見えないくらいに
短いものもあります。
そんな植物も、花を咲かせるときには
茎を伸ばします。
花が咲く頃に確認してみましょう。

タンポポ

スズメノカタビラ

**4** 茎が短いものは、
どうして茎を伸ばさないのだろう。
茎を伸ばさないことで、
何かよいことがあるのかな?
考えてみよう。

＊ コケ類、藻類は除く。

　茎を伸ばしていない雑草のまわりには、同じ仲間であっても茎を伸ばしているもの
が生えている場合があるので、探してみましょう。今は茎がない雑草が、花を咲かせ
たり、穂をつけるときには茎を伸ばすことに気づくかもしれません。

【解説】

　植物の形には、茎と節の間を伸ばさず、葉っぱを広げて重なり合い、放射状に見え
る「ロゼット」と呼ばれるものがあります（22ページと㉒ロゼットになってみよう参照）。でも、
よく見ると、葉っぱは茎についているはずです。

　じつは、ロゼットは目に見えないくらいの短い茎を持っていて、そこから葉を出し
ています。水や養分を吸うための根と光合成をする葉だけのシンプルな形は、冬の寒
さや夏の暑さ、踏まれることや、草刈りなど、さまざまなストレスから植物が身を守
るための形です。

　しかし、花を咲かせるときには茎を伸ばさなければなりません。そのため、花を咲
かせる頃には茎を観察するとよいでしょう。

## もっと知りたい人のために

　身近な雑草の中にも「ロゼット」と呼ばれるものがあります。探してみよう。

### 雑草の根・茎・葉の例（75ページ）

エノコログサ　　　　　シロツメクサ

セイヨウタンポポ　　スギナ（地下茎の例）

# 16 雑草の根・茎・葉

| 季節 | 夏〜秋 | 対象 | 3年生以上（理科3年「身の回りの生物」の後） |

## 本時の目標と身につく力

● 雑草が茎を伸ばさない理由について、自分なりの考えを持っている。
**（思考力・判断力・表現力等）**

## 本時の指導計画

| 児童の活動 | 指導上の留意点(●)と評価(●) |
|---|---|
| 1. 植物のからだのつくりを復習する。<br>根・茎・葉がある。 | ● 3年生の教科書を活用して復習をしてもよい。 |
| 2. 実際の雑草にも根・茎・葉があるのか調べてみる。 | ● 校庭に行き、実際の雑草の様子を観察する。<br>● 抜いてみて、根があることを確認する。<br>● 事前に校庭を見ておき、茎がない雑草があることに気づけるようにする。 |
| 3. 茎がない(ように見える)雑草について考える。茎を伸ばさないメリットを考えるようにする。 | ● **茎を伸ばさない理由について、自分なりの意見をワークシートに書き込んでいる。**<br>**（思・判・表）** |
| 茎がない植物は、なぜ茎を伸ばさないのだろう。 ||
| 4. なぜ、茎を伸ばさないのか、調べ学習を行う。 | ● 茎がないわけではなく、とても短いということについて知る。 |

# 17 葉っぱをデザインしてみよう

## ハート型の葉っぱがあるのは、なぜ?

植物の花の色や形には、昆虫を呼び寄せるための工夫があります。それと同様に、葉っぱの大きさや形も、すべて植物たちが最適な形にデザインしたもので、すべて理由があるのです。植物の葉の形について、考えてみましょう。

準備するもの　新聞紙

## すすめかた

**1** 新聞紙の見開き1枚を半分にしたもの（1ページ分）を用意しよう。

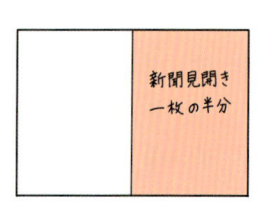

新聞見開き
一枚の半分

**2** この新聞紙を葉っぱと見立てたとき、葉っぱを支える茎のように、隅を手で持ってみよう。どうすれば葉っぱを支えられるかな?

**3** 新聞紙の真ん中に折り目をつけると、支えやすくなる。そういえば、大きな葉っぱは、葉っぱの真ん中の線（葉脈）がしっかりしている。

**4** 他にも方法はあるだろうか?新聞紙にたくさん折り目をつけたり、折りたたむと、光を受ける面積が小さくなってしまう。

**5** 新聞紙に切れ目を入れて、その中に手を入れてみたらどうだろう?何だかハート型の葉っぱに似ているような気がする。

ハート型の葉っぱには他にも役割がある。サツマイモの葉っぱやドクダミの葉っぱを支える葉柄をさわってみましょう。

すると、水の通り道のようになっていることがわかります。葉っぱの上に降った雨を根元に送るしくみになっているのです。

サツマイモの葉

ドクダミの葉

私たちがイメージする「草」は、茎を伸ばさずに葉だけを茂らせるイネ科植物です。イネ科植物は、茎を伸ばしません。しかし、光を浴びるためには背丈は高い方がよいのです。いったいどのようにすれば、葉っぱだけで高さを稼ぐことができるでしょう。

たとえば、新聞紙見開き１ページの大きさを使い、それを葉っぱに見立ててみます。どうすれば葉っぱを高くして支えられるでしょうか。もちろん、片手で新聞紙の端を持つというルールが前提です。茎の代わりに、机の上に手を置いて、その手で新聞紙の葉っぱを支えるとします。

その場合、葉っぱを丸めて筒にすれば、高く支えることができます。

じつはイネ科植物は、葉を筒状にして茎のようにしています。そして、その先に光を受けるための葉をつけているのです。

イネ科植物が穂を出すときに観察すると、筒状の葉の中から穂が出てくる様子を見られます。

植物の中には、茎や葉に毛の生えているものがあります。毛を生やすには、それだけの材料がいります。毛を生やすかわりに、葉っぱを1枚増やす方が生きていくために有利かもしれません。それなのに、どうして毛を生やしているのでしょう。

すべてのものには理由があります。そうだとすると、毛を生やしているのにも理由があるはずです。毛を生やしているとどんな得があるのでしょう。毛にはどんな役割があるのでしょう。じつは、これはよくわかっていません。自由に理由を想像してみましょう。

## 葉っぱ1枚ってどういうこと?

何枚かの葉っぱをまとめて、葉っぱ1枚と数えることがあります（複葉といいます）。「葉っぱを1枚取ってきて」と言ったときに、複葉の中の1枚を取ってくる子どもがいます（この1枚を小葉といいます）。

なんて、ややこしいのでしょう。どうして、複葉は何枚かをまとめて、1枚と数えるのでしょうか。

複葉は、もともと1枚の大きな葉っぱでした。しかし、大きな葉っぱには大変なことがあります。たとえば、葉っぱのすみずみまで水を送るのにもひと苦労です。そのため、水を送る葉脈に沿った形の葉ができました。それが切れ込みのある葉っぱです。その葉っぱが、どんどん切れ込みが深くなり、それならいっそのこと小さい葉っぱに分けてしまおう、という進化をしたのが複葉なのです。

だから複葉は、何枚かをセットにして1枚として扱うのです。複葉は、3枚セットや5枚セットというように、植物によって葉っぱの枚数が決まっています。

# 18 雑草の根っこを抜いてみよう

## 根っこは、どんな形?

成長していくアサガオの根っこを見てみたいという子がいます。すごい好奇心に感心しますが、残念ながら、アサガオの根っこを抜くことはできません。みんなが大切に育てている花だんの草花や畑の野菜は、抜いたら怒られます。でも、雑草は抜いても怒られないので、遠慮なく雑草を引き抜いて、根っこをよく観察してみましょう。

### すすめかた

**1** 植物の根っこはどんな形をしているのだろう?
想像して描いてみよう。
根っこの生え方に種類はあるのかな?

**2** 校庭に出て、雑草の根っこを抜いて確かめてみよう。
みんなが描いた絵とどこが同じだったかな?　どこが違ったかな?

**3** 雑草の種類が違うと、根っこの生え方も違うのだろうか?
何か気がつくことはあるかな?

### すすめかたのポイント

● 違いや似ていることなど、自分の力で「気づく」ということが大切です。植物を比較するなかで、どんなことに気がついても認めてあげたいものです。いろいろな気づきがあるといいですね。

### 挑戦してみよう

観察した雑草の根っこ*をどんな分け方でもいいので、仲間分けしてみましょう。どんな分け方ができますか?　何か気がつくことがあるでしょうか?

\* どんな根っこでも構いません。中学生で習う「主根と側根」「ひげ根」「その他（側根かひげ根かわかりにくいもの）」に分けられたとしたら、面白いですね。

硬い土に生えている雑草と、やわらかい土に生えている雑草は、生え方が違うのだろうか？　確かめてみよう。

## 双子葉植物と単子葉植物

もしかすると、細かい根っこがいっぱいあるものと、太い根っこが枝分かれしているものがあるのに気がつくかもしれません。

もっとよく観察すると、細かい根っこがあるものは、茎と葉っぱからも細かい茎や葉っぱが出ていたり、太い根っこが枝分かれしているものは、太い茎から枝や葉っぱが出ているかもしれません。

**【解説】**

植物は双子葉植物と単子葉植物に分類されます。子葉とは最初に出てくる葉っぱのこと、双葉が出るのが双子葉、葉っぱが1枚なのが単子葉です。双子葉植物は、しっかりと安定した構造なのに対して、単子葉植物は生成スピード重視の構造というイメージです。

葉脈は、双子葉は隅々までしっかりと水を送る網状脈で、単子葉はとりあえず先端まで水を送る平行脈です。根っこは、双子葉は主根を中心に側根を広げるのに対して、単子葉はとりあえず根っこを伸ばすひげ根です。維管束も、双子葉は規則正しく師管と道管が並ぶしっかりとした構造ですが、単子葉はパラパラと並んでいて乱雑な感じです。

じつは、単子葉植物の方がより進化した形だと考えられています。環境の変化に対応するために、スピード重視の単子葉植物が誕生したのです。

## 茎や葉っぱも同じ

双子葉は、1本しっかりとした茎（主茎）があって、枝分かれしています（分枝）。これに対して、単子葉のツユクサやメヒシバなどの茎は、ひげ根をひっくり返したような形をしています。

また、葉っぱの中に水を運ぶ筋（葉脈）も、双子葉は太い線から細い線が枝分かれして、すみずみまで水を運べるようになっています。これに対して、単子葉は、まっすぐな線が並んでいるだけ。とにかくシンプルなのです。

## 地下茎

根っこを抜いてみると、土の中を長く伸びた、変な根っこを発見するかもしれません。それは根っこではなく、「地下茎」という地面の下に伸びる茎です。植物は根と茎と葉から作られます。このルールさえ守れば、どんな形もＯＫなのです。他にも、変な根っこはあるかな？　ニンジンやサツマイモみたいに太った根っこも見つかるかな？

タケノコは
タケの
地下茎

## マメ科植物の根粒菌

根っこに白い粒がついていることがあります。シロツメクサ（127ページ）やカラスノエンドウ（136ページ）などのマメ科植物は、根っこに「根粒」と呼ばれる白い粒がついています。この粒の中に根粒菌というバクテリアがすんでいて、空気中の窒素を取り込みます。そのため、マメ科植物は肥料の少ないやせた土地でも育つことができるのです。

この根粒は、エダマメ（ダイズ）やエンドウなどでも観察できますが、肥料で育てる植物は、根粒を必要としないため、たくさんはつきません。その点、雑草の根っこでは、たくさんの根粒を見つけることができます。

## 抜くと違いがわかる雑草

よく似た雑草も、抜いてみると違いがわかることがあります。たとえば……メヒシバは抜きやすいけれどオヒシバは抜きにくい。
※それぞれの戦略の違いが関係しています（67ページ）
カヤツリグサは根っこだけだけれど、キハマスゲは球根がついている、など。
※１年で枯れてしまう一年生と、何年も生きる多年生の違いです。

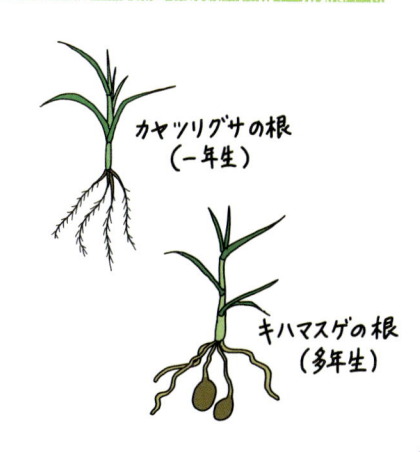

カヤツリグサの根
（一年生）

キハマスゲの根
（多年生）

# 雑草の根っこは水に浮かぶかな?

## 土の中にできる野菜のように、根っこも沈む?

野菜には水に浮かぶ野菜と沈む野菜があります。サツマイモやニンジンなど、土の中にできる野菜は水に沈むようです。では、土の中の細い根っこも水に沈むのでしょうか。抜いても怒られない雑草で、確かめてみることにしましょう。

準備するもの **ピーマン、ニンジン、キャベツ、サツマイモ、ナスなど**

### すすめかた

この授業は「野菜の浮き沈み」というプログラムの発展系です。
まずは、「野菜の浮き沈み」から始めましょう。

1 **野菜を水に浮かべてみよう。**
わかりやすいもので確かめてみましょう。
(ピーマン、ニンジン)
次に意見が割れそうなもので確かめてみましょう。
(キャベツ、サツマイモ、ナス)

2 **どんな野菜が浮かんで、どんな野菜が沈んだかな?　規則性はあったかな?**

3 **土の中にできる野菜は沈んだよね。**
でも、土の中の野菜は栄養をたくわえて丸々としているので、いかにも沈みそう。それでは、植物の細い根っこは沈むでしょうか。雑草の細い根っこで確かめてみましょう。沈むかな?　浮かぶかな?

4 **さまざまな雑草の根っこで試してみましょう。**

### 挑戦してみよう

どんなに細い根っこも水に沈みます。雨が降ったときに、土の中の根っこが浮いてしまうとまずいからかもしれません。

しかし、実際に浮いてきてしまう根っこもあります。それはどんな根っこでしょうか。根っこに栄養分をたくわえる単子葉植物では、栄養を使って成長をしたばかりの春先には、浮かぶ根っこを見つけることができます。

# 19 雑草の根っこは水に浮かぶかな?

| 季節 | 春〜夏 | 対象 | 全学年 |

## 本時の目標と身につく力

● 雑草の根が浮くのか、沈むのか、自分なりに考えている。
（**思考力・判断力・表現力等**）

## 本時の指導計画

| 児童の活動 | 指導上の留意点(●)と評価(●) |
| --- | --- |
| 1. 野菜の浮き沈みの実験をする。 | ● 演示実験をする（ピーマン、ニンジン、キャベツ等）。<br>● 一つ一つの野菜を水に浮かべる前に予想をすることを意識づけする。 |
| 2. 規則性について考える。 | ● 土の上にあるものが浮かび、土の下にあるものが沈むことを確認するようにする。 |
| 3. 雑草の根の浮き沈みについて考える。 | ● 雑草の細い根っこを示し、浮き沈みの予想をする。<br>● 予想を確認した後、実際にやってみる。<br>● 他の雑草の根がどうなるのか、実際に取りに行ってやってみる。 |
| **雑草の根は浮くのだろうか。** ||
| | ● 雑草の根が浮くのか、沈むのか、自分なりに考えている。(思・判・表)<br>● 土の上にあるかどうかで、水に浮くか沈むかが分かれることを確認する。 |
| 4. 雑草も野菜と同じように、土の上にあるものは浮かび、土の下にあるものは沈むことを知る。 | |

# 20 ねこじゃらしマップ

## 学校を探検して、ねこじゃらしの植生調査をしよう

雑草はどこにでも生えているわけではありません。すべての雑草は自分の強みが発揮できる場所に生えています。本当でしょうか。誰もが一度はあそんだことがある、ねこじゃらし（エノコログサ／155ページ参照）で確かめてみましょう。

校内マップ、カラーシール

### すすめかた

**1** 校内マップを作っておき、配布します。衛星画像でも構いません。

**2** 校内でねこじゃらしを探して、見つけたところのマップにカラーシールを貼っていきます。たくさんあったところは、シールの色を変えてもOKです。

**3** ねこじゃらしは、どんなところに多く生えているかな？考えてみましょう。何だか、日当たりがよいところに多いように感じるかもしれません。

### 挑戦してみよう

他の雑草でも、同じようなマップができるでしょうか。

スズメノヤリ……湿った場所に多い

ドクダミ……日かげに多い

ホトケノザ……耕される場所で多い

オオバコやシロツメクサは踏まれやすいところに多いと言われるけれど、本当かな？

エノコログサはイネ科の植物。校庭によく生えている同じイネ科の植物に、メヒシバとオヒシバがある。エノコログサとメヒシバとオヒシバは、生えている場所が違うだろうか?

もしかすると、ひんぱんに草刈りされたり、耕されるような花だんにはメヒシバが生えていたり、よく踏まれるグラウンドにはオヒシバが生えていたり、あまり草刈りされずに雑草が生えているところでは、エノコログサが生えているかもしれません。

## 【解説】

植物には大きく3つの戦略があると言われています。「CSR戦略」と呼ばれるもので、Cは競争戦略（Competition）、Sはストレス耐性戦略（Stress）、Rは攪乱依存戦略（Ruderal）を表します。

「強さ」には、いろいろな強さがあります。

力が強かったり、競争に勝つことだけが「強さ」ではありません。じっと我慢する「強さ」もあり、逆境を乗り越える「強さ」もあります。

雑草は、この3つの戦略の中ではRタイプで、ストレスが小さく、攪乱の大きい環境に適応しています。

しかし、雑草の中にもCの要素が強いものや、Sの要素が強いものがあります。

たとえば、花だんや菜園は、耕されたり草取りをされたり、雑草にとって予測不能な変化が起こる環境なので、変化に強い、すなわちRの要素が強い雑草が生えます。

グラウンドは踏まれたり、水がなかったり、植物にとって我慢することが多い環境です。そのため、ストレスに耐えるSの要素が強い雑草が生えます。

校庭の隅やビオトープなど、植物が生えるのに適した場所では、体が大きく競争に強いCタイプの雑草が生えます。

雑草は何気なく、どこにでも生えているわけではありません。どの雑草も、自分の「強み」が発揮できるところに生えているのです。植物の世界には、いろいろな強さがあるんですね。どうやら、競争に強いばかりが強さではないようです。

# 20 ねこじゃらしマップ

| 季節 | 秋 | 対象 | 全学年 |

## 本時の目標と身につく力

● 校内マップにねこじゃらし（エノコログサ）の
生えている場所を書き込み、その場所がどのような環境なのかを考え、
表現している。（**思考力・判断力・表現力等**）

## 本時の指導計画

| 児童の活動 | 指導上の留意点(●)と評価(●) |
|---|---|
| 1. ねこじゃらしと呼ばれる雑草について知る。 | ● 写真や実物を見て、見た目を知る。<br><br>● ねこじゃらしであそんだ経験のある児童がいれば、それについて紹介する。 |
| **ねこじゃらしマップを作ろう。** | |
| 2. ねこじゃらしマップを作る。 | ● 校内マップとシールを配布する。各グループで探しに出かける。<br><br>● 戻ってきたら、拡大した校内マップにもシールを貼り、全員で確認する。 |
| 3. ねこじゃらしはどんな場所に生えているのか、考えてみよう。 | ● ねこじゃらしが生えている場所から、ねこじゃらしの好む環境について考える。<br><br>● 他の雑草はどんな環境を好むのかを知りたいと思えるような雰囲気を作っていき、次時へつなげる。<br><br>● **ねこじゃらしの生えている場所がどのような環境なのか、その場所を見ながら考えている。（思・判・表）** |

| 児童の活動 | 指導上の留意点（●）と評価（●） |
|---|---|
| 〈2時間目〉<br>4. 他の雑草のマップを作る。 | ● 前もって調査しておき、何種類か<br>雑草を選んでおいて、児童に提示する。<br>その中から、グループで分担して調査に行く。<br>● 前時と同じように手元に校内マップを持ち、<br>シールを貼りながら調査をする。<br>● 教室に戻ってきたら、<br>拡大掲示した校内マップに<br>雑草ごとに違う色のシールを貼る。 |
| 5. それぞれの雑草が好む<br>環境について考える。 | |

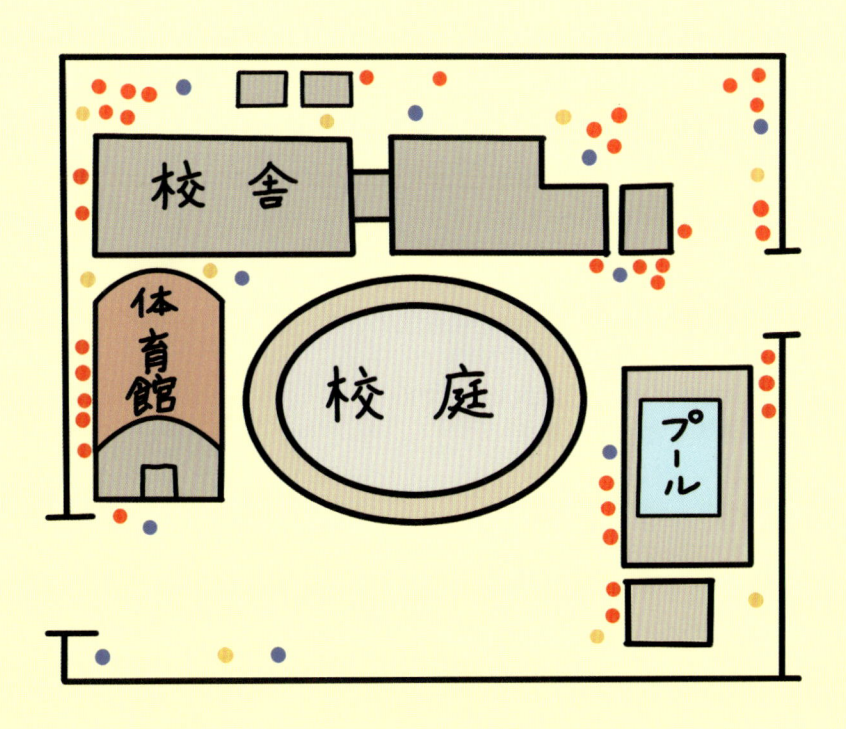

# 21 日なたと日かげの植物の観察

## 光が足りないと植物はどうなる?

植物が成長するには、太陽の光が必要です。日かげの植物は、光を求めてひょろひょろと間延びします。これを徒長 *といいます。徒長を栽培試験で確かめるのは大変ですが、校庭の植え込みなど光が不足する場所では、それを観察できます。また、植え込みのまわりに同じ植物が生えていれば、比較もできます。

＊植物の茎や枝が必要以上に伸びた状態のこと。

> 準備するもの 教科書、ノート、タブレットなど

---

### すすめかた

**1** 植物が成長するために必要なものは何だろう?
光と水と土の中の栄養分?
それでは、光が少ない場所だと、植物はどうなるだろう?
背は高くなるだろうか? それとも低くなるのかな?

**2** 光が少ない場所の雑草を見てみよう。

💡 ヒント：光があまり当たらない植え込みの中と、
光が当たる植え込みの外で比べてみよう。

葉っぱの色はどうだろう?
葉っぱと葉っぱの間隔は? 比べてみよう。

**3** 光が少ない植え込みの中に生えている
雑草は背が高い。
どうして光が当たらない場所では
背が高く育つのかな?

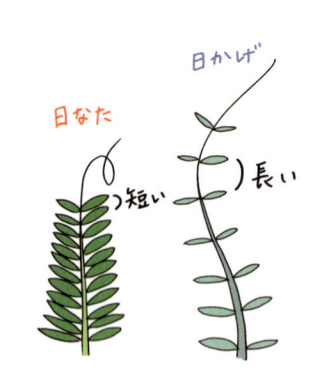

【解説】

　光がまったく当たらない真っ暗な場所では、植物は育ちません。光が少ない場所では、植物は光を求めることを優先します。そして、モヤシのようにひょろひょろと細長く背を伸ばしていくのです。そのため、葉っぱと葉っぱの間隔が長くなります。一方、光がたくさん当たる場所では、茎を伸ばさなくても光が当たります。そのため、どっしりと育つのです。

　側溝の中から光に向かって伸びている雑草も、徒長しています。子どもたちといっしょに側溝の中に生えている雑草を抜いて、観察してみましょう。

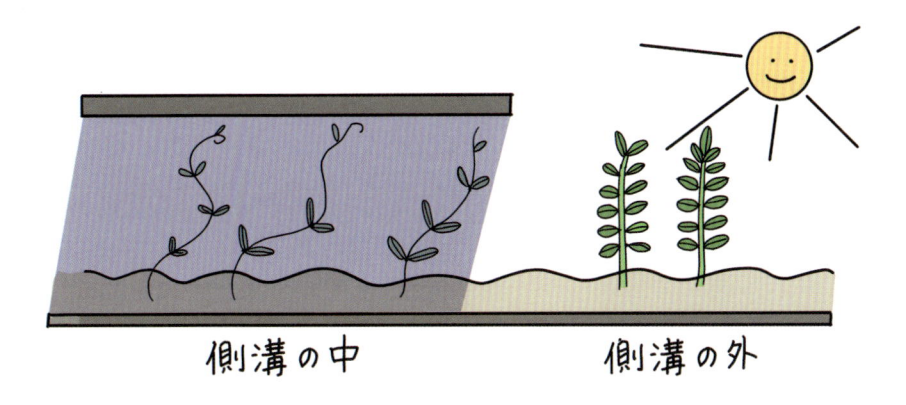

側溝の中　　　　　側溝の外

　タネの発芽率を調べる発芽試験をした際、そのままタネを置いておくと、日の当たらない教室の中では植物が光を求めて茎を伸ばします。そんな様子を観察してみましょう。
　そういえば、モヤシやカイワレダイコンは、光の少ないところで栽培されていますね。やっぱり茎が伸びているのでしょうか？

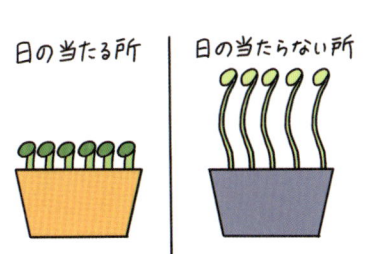

日の当たる所　日の当たらない所

　植物の成長にとって大切なものは何でしょう？　　「水？」「光？」「栄養？」
　それでは、光以外はどうでしょう。たくさんあるところと、あまりない所では、生えている雑草に違いがあるでしょうか？
　環境に対する雑草の反応は２つあります。
　１つ目は、種類が変わることです。２つ目は、同じ種類でも生え方が変わることです。やや難しいかもしれませんが、どんな違いがあるか観察してみましょう。

# 21 日なたと日かげの植物の観察

| 季節 | 夏 | 対象 | 5年 （理科「植物の発芽と成長」の後） |

## 本時の目標と身につく力

● 日なたと日かげの植物の様子の違いに気づく。（**知識・技能**）

● 光が少ない場所に生える雑草の生きていくための工夫について
考えることができる。（**思考力・判断力・表現力等**）

## 本時の指導計画

| 児童の活動 | 指導上の留意点（●）と評価（●） |
|---|---|
| 1. 植物の成長に必要な条件を<br>確認する。 | ● 教科書やノートを見て、<br>植物の成長には光が必要であることを<br>確認する。 |
| **光があまり当たらない場所で、植物は育つのだろうか。** ||
| 2. 各自の考えを出し合う。 | ● 児童の経験を引き出したり、<br>予想したりできるようにする。 |
| 3. 校庭の光があまり<br>当たらない場所に行き、<br>雑草を観察する。 | ● 比較対象として、光が当たる場所に<br>生えている雑草も観察する。<br>● タブレットで撮影しておいて、<br>じっくり観察して比較する。<br>● **日なたと日かげに生えている雑草を**<br>**比較しながら違いを見つける。（知・技）** |
| 4. 光が当たらない雑草の背が<br>高い理由について考える。 | ● **日かげの雑草の背が高く育つ理由について**<br>**考えている。（思・判・表）**<br>● 日かげでは、光を求めて伸びていく。<br>この性質を利用して、モヤシが作られている。 |

# 22 ロゼットになってみよう

## どうして、冬の雑草は同じ形ばかりなの?

植物は私たち人間とは姿かたちも違いますし、暮らし方も違います。74ペー
ジで解説したロゼットも不思議な形の代表です。雑草の気持ちになってみると、
植物のことがもっとわかるかもしれません。

### すすめかた

**1** 冬の寒い日の校庭で、
寒さをしのぎたいとき、
みんなはどんな格好をしますか?

**2** 「背中を丸める」「しゃがむ」。
そうですね、体を丸くして縮こまると暖かく感じます。
なぜなら、外の空気に触れる面積が小さくなるからです。

※この部分の説明は、少し難しいかもしれません。
　低学年の児童には説明不要です。

**3** でも、植物の場合はどうすればいいかな?
丸く縮こまると光が当たりづらくなります。
雑草はどんなふうに冬を過ごしているかな?

**4** タンポポなどの雑草は、
広げた葉っぱを地面に
ぴったりとくっつけて
冬越しをしているようです。
この形、そんなに暖かいのでしょうか。

**5** 地面に寝転んでみましょう。どうですか?
立っているときと比べて、暖かいですか?
寒さの感じ方は違いますか?

- 暖かさの感じ方は人それぞれ。寒いと感じる児童がいてもOKです。
- 本当に寒い時期に行うのがお薦めです。冬の暖かい日だと、地面の方が冷たく感じられることがあります。

## 挑戦してみよう

　茎を伸ばさず、葉っぱを広げて重なり合う放射状のこの形は、「ロゼット」と呼ばれています（74ページの解説参照）。上から見るとバラ（ローズ）の花の形に似ているからだとか。

　タンポポのロゼットを掘ってみましょう。太くて長い根っこが出てきます。どうしてでしょうか。ロゼットは光合成で作った栄養を土の中にためていくのです。地面の下に伸ばした長い根っこを全部掘り出すのは大変です。

## もっと挑戦してみよう

　茎を伸ばさず葉っぱを広げて、地面の下に栄養分をたくわえるこの形をした植物は、雑草だけでなく、野菜にもありそう。ロゼットの野菜って、あるのかな？　探してみましょう。

ダイコン

ホウレンソウ

キャベツ

ホウレンソウ、コマツナ、ダイコン、ニンジン、ゴボウ……。じつは、キャベツやレタスもロゼットの野菜だ。

# 22 ロゼットになってみよう

| 季節 | 冬 | 対象 | 4年生以上 |

## 本時の目標と身につく力

◉ 冬にロゼットの形を成す雑草がある理由を考える。

（思考力・判断力・表現力等）

## 本時の指導計画

| 児童の活動 | 指導上の留意点（●）と評価（●） |
|---|---|
| 1. 寒い冬に外でみんなは どうしているか話し合う。 「走る」「丸くなる」 「ポケットに手を 入れたくなる」など。 | ● タブレットを持参して、外で行う。<br>● 背中を丸くして縮こまることで、外の空気に 触れる面積が小さくなることを確認する。 |
| 2. 植物はどんな様子なのか、 探してみる。 | ● 植物の姿をタブレットで撮影する。<br>● ロゼットの形を確認する。<br>● **冬の雑草の様子を観察する。**（知・技） |
| 3. 冬の雑草の様子で 共通することを探す。 | ● なぜこのような形になっているのかを、 雑草の形や環境から考える。 |
| 4. 雑草の気持ちになって 考えてみる。 | ● 感想を出し合う中で、ロゼットの形を 成す雑草の気持ちを考えて、 ワークシートに記入する。 |
| **ロゼットの形になって、雑草の気持ちになってみよう。** ||
| 5. 感想を出し合う。 | ● **冬にロゼットの形を成している雑草がある 理由を考え、ワークシートに記入する。** （思・判・表） |

# 23

# 雑草の赤ちゃんを育てよう
## かわいい赤ちゃんは、どんな子に育つかな?

花だんで芽を出したばかりの雑草の赤ちゃん。抜いてしまうのはかわいそう、と思ったことはありませんか？　そう思ったなら、その赤ちゃんを植木鉢やプランターに植え替えて、育ててみることにしましょう。

**準備するもの**　植木鉢、プランターなど

## すすめかた

**1** 雑草の赤ちゃんを植木鉢やプランターに植え替えて、育ててみよう。

**2** 日の当たるところ、当たらないところ、
教室のどこに置いたら、よく育つだろう?

**3** どんなふうに育つのかな?　どんな花が咲くのだろう。

**4** ふだんは勝手に生えてくる雑草を、いざ育てようと思うと、
じつは難しい。雑草は自分に適した環境を選んで生えてくるのです。
だから、人間の作り出した環境では思うように育たないので、
このプログラムは大いなる挑戦といえます。
もし、育ったとしたら、それは当たり前のことではありません。
とてもとてもすごいことです。

## すすめかたのポイント

- 植木鉢やプランターの土が乾かないように気を
  つけます。土日は休みなので入れないなど、毎
  日、水をやることができない教室では、水を張っ
  た容器の上に植木鉢を置いて下から水を吸わせ
  る「底面灌水」という方法もあります。
- あまり気温が低いと雑草が芽を出してきません。
  春から秋に行うことがお薦めです。

# 23 雑草の赤ちゃんを育てよう

**季節** 春～夏　**対象** 全学年

## 本時の目標と身につく力

● 互いの育てた雑草を見比べて、雑草の育てにくさについて
自分なりの考えを持つ。（**思考力・判断力・表現力等**）
● 取ってきた雑草の世話を進んで行っている。（**学びに向かう力・人間性等**）

## 本時の指導計画

| 児童の活動 | 指導上の留意点(●)と評価(●) |
|---|---|
| 1. 植物の育ちの様子を予想して思いえがく。 | ● はじめは、どの植物も小さいときがあることを想起する。 |
| 2. 雑草の赤ちゃんを探しに行く。 | ● 雑草の芽生えの写真を紹介し、何を探しに行けばいいのかを共通理解する。 |
| **雑草の赤ちゃんを探しに行こう** | |
| 3. 見つけた雑草の赤ちゃんの中から1つを選んで育てる。 | ● どんな雑草になるのか、どんな花が咲くのか等、意見を交換したり交流することで、育てる意欲を高める。<br>● **取ってきた雑草の世話を進んで行っている。**（**学**） |
| 4. 互いの雑草の育ちの様子を見比べる。 | ● 育ちにくいことが予想される。なぜ、ふだんは勝手に育っているのに育てるのが難しいのか、考えるようにする。<br>● **雑草の育てにくさについて、自分なりの考えを持つ。**（**思・判・表**） |

※育てるときにどのような世話が必要なのかについて意見を交換したり、調べたりするといった探究
　的な学習につなげることができる。

# 24

# 雑草ガチャ
## 何が出るかはお楽しみ!

花だんや校庭の土の中には、小さな雑草のタネがたくさん入っています。本当かどうか確かめるために、土を取ってきて水やりをしてみましょう。何のタネもまいていないはずなのに、雑草の芽が出てくるかもしれません。

準備するもの 植木鉢、プランターなど

### すすめかた

**1** 花だんや校庭の土を取ってきて、植木鉢やプランターに入れてみよう。

**2** 何もまいていないけれど、とりあえず、水をやってみよう。
何かが芽を出すだろうか?

**3** もし、芽が出てきたら、成長する様子を観察してみてもよい。
どんな花が咲くのだろう?

　雑草のタネは、長いものでは何十年も土の中で芽を出すチャンスを待っているといいます。まるでタイムカプセルですね。もしかすると、芽を出したタネは、何十年も土の中に眠っていたのかもしれません。

### すすめかたのポイント

　毎日、水をやることができない教室では土が乾いてしまうので、雑草のような小さな植物を育てることは簡単ではありません。水を張った容器の上に鉢を置いて、下から水を吸わせる「底面灌水」という方法をお薦めします(94ページ参照)。

　雑草のタネが混じっていない買ってきたばかりの土を植木鉢やプランターに入れて、学校の屋上や教室のベランダに置いてみましょう。

　どこからか飛んできたタネが芽を出すかもしれません。

　植物の発芽に必要なものは、空気と温度と水です。

　野菜や花のタネは、まいて水をやれば、すぐに芽を出します。ところが、雑草はなかなか芽を出しません。雑草は誰かが育ててくれるわけではないので、発芽のタイミングを自分で計ります。しかも、一斉に芽を出すと全滅する危険があるので、時期をずらして順番に芽を出してくるのです。雑草のタネの中には、チャンスを待って何十年も土の中に眠っているものがあることも知られています。

　このように、空気と温度と水がそろっても、芽を出さないしくみは「休眠」と呼ばれています。早く芽を出せばよいとは限りません。「休むこと」と「眠ること」も大切な戦略なんですね。

# 24 雑草ガチャ

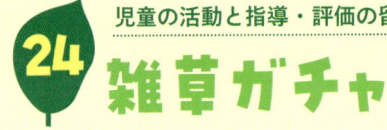

**季節** 春〜夏　**対象** 全学年

## 本時の目標と身につく力

- 採取した土から植物を育てたり、
  自分が育てた雑草の特徴を知ることができる。（**知識・技能**）
- 自分の取ってきた土を継続して観察し、雑草の育ちに応じて
  水やり等の世話をすることができる。（**学びに向かう力・人間性等**）

### 指導計画

| 児童の活動 | 指導上の留意点（●）と評価（●） |
|---|---|
| 1. 雑草とは、いったい誰が植えているのかについて話し合う。 | ● 雑草がふだんは誰も世話をしていないのに、芽が出て育っていることを想起できるようにする。 |
| **自分の決めた場所の土から雑草を育ててみよう。** | |
| 2. 校庭の自分の決めた場所から土を取ってきて観察する。 | ● 取った土の上に生えている雑草を育ててもよいこととする。<br>● **自分の取ってきた土から育った植物の世話を進んでしている。（学）** |
| 〈1か月後〉<br>3. それぞれ自分が育ててきた土の様子を観察する。 | ● 雑草の育ちと土の特徴との関係に目を向けるようにする。 |
| 4. 自分の育てた雑草自慢をする。 | ● 自分の育ててきた雑草を観察し、よいところ探しをする。<br>● 互いの育てた雑草を見せ合ったり、伝え合ったりする。 |

※育てるときにどのような世話が必要なのかについて意見を交換したり調べたりする、探究的な学習につなげることができる。

# 25 季節の移りかわりを見つけよう

## 夏は意外と花が少ない?

雑草は1年中、ずっと同じ場所で同じような状態で生えているのでしょうか。
移りゆく四季を通じて観察してみましょう。

準備するもの　タブレット、ワークシートなど

### すすめかた

**1** 春に、雑草が生えている場所を1か所選んで写真を撮りましょう。
⑩ 推し雑草(56ページ)を選んだ場所や、
⑪ 雑草ど〜こだ(60ページ)で見つけた場所でもいいですね。

**2** 季節が変わると、その雑草はどうなるでしょうか。
どんなふうに、変化していくのかな?
写真を撮って比べてみましょう。

### すすめかたのポイント

● 誰かに踏まれたり、抜かれたりしてしまっても大
丈夫。だって、それが雑草の自然な暮らしなのです。
● 桜の木や広葉樹の四季の変化を観察するときに、
いっしょにまわりの雑草の写真を撮ってもいいで
しょう。
● 同じ春でも、今年の春と来年の春とでは生える雑
草が変わることがあります。毎年観察すると、さ
らに大発見があることでしょう。

　同じ場所を観察し続けることを「定点観測」といいます。雑草は、季節によって生える種類が変わっていきます。同じ季節でも、今年と来年では生える種類が変化することがあります。

　春は花がいっぱい咲いていたのに、夏は花が少なくなったような気がするかもしれません。植物は、昆虫を呼び寄せるために花を咲かせます。しかし、夏は暑すぎて昆虫の動きはにぶくなります。そのため、虫に花粉を運んでもらうために咲くきれいな花は少なくなるのです。

　そのかわり、風で花粉を運ぶような目立たない花が咲きます。

　また、雑草では、朝や夕方の涼しい時間帯や、夜に咲く花が多くなります。

　そういえば、アサガオやオシロイバナの花も朝や夕方に咲きますね。

# 25 季節の移りかわりを見つけよう

| 季節 | 通年 | 対象 | 4年 （「季節と生物」と連携） |

## 本時の目標と身につくこと

● 季節によって雑草の様子に違いがあることを知る。（**知識・技能**）

● 季節による雑草の違いに気づくことができる。

（**思考力・判断力・表現力等**）

## 指導計画

| 児童の活動 | 指導上の留意点（●）と評価（●） |
|---|---|
| **季節によって雑草の様子に違いがあるか調べよう。** ||
| 〈春〉<br>1. お気に入りの雑草を中心に<br>お気に入りの場所を<br>見つける。<br>その場所の写真を<br>各自のタブレット端末で<br>撮影しておく。<br>今後の様子を予想する。 | ● 選んだ場所の様子について気づいたことを<br>書き出しておく（ワークシート）。<br>● 書かれたワークシートは回収しておく。 |
| 〈夏〉<br>2. 春と同じ場所で写真を撮る。<br>今後の様子を予想する。<br><br>〈秋〉<br>3. 春・夏と同じ場所で<br>写真を撮る。<br>今後の様子を予想する。<br><br>〈冬・1時間目〉<br>4. 春・夏・秋と同じ場所で<br>写真を撮る。<br>今後の様子を予想する。 | ● 春に使用したワークシートを<br>各季節ごとに配布し、記録を続ける。<br>書いた後には回収しておく。<br>● お気に入りの雑草がなくなっていても、<br>同じ場所を記録するようにする。<br>生える雑草が違う種類のものに<br>変わった場合も、変化であるという<br>視点を持てるようにする。<br>● 春・夏・秋・冬と比べることで、<br>季節との関連に目を向けるようにする。 |

| 児童の活動 | 指導上の留意点(●)と評価(●) |
|---|---|
| 〈冬・2時間目〉<br>5. 4つの季節を通して<br>　お気に入りの場所の<br>　写真を比べる。 | |
| お気に入りの場所の四季それぞれの様子を比べながら観察しよう。 ||
| | ● 写真だけではなく、これまで書き続けた<br>　ワークシートも活用する。<br><br>● 4つの季節を比較しながら、雑草の様子の<br>　違いに気づくことができる。(思) |
| 6. 各自の見つけた様子を<br>　交流する。 | ● 季節によって雑草の様子も変わってくること<br>　に気づく。(知・技) |

# 26 仲間分けしてみよう

## 図鑑の分類は誰かが勝手に決めたものらしい!?

自然界には何の区別もありません。それを人間が勝手に区別しているものが「分類」です。つまり、いろいろな分類方法を自由に考えてよいのです。あなたならどんな分類を考案しますか？

準備するもの　ワークシート、図鑑など

### すすめかた

1　雑草を10種類、何でもよいので取ってこよう。

2　取ってきた雑草を仲間分けしてみよう。

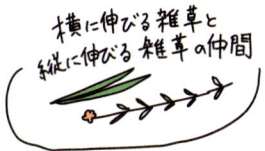
横に伸びる雑草と縦に伸びる雑草の仲間

3　別の分け方はできるかな？

4　もっと違った別の分け方はできるかな？

細長い葉っぱが集まっている仲間

5　いろいろな分け方ができそうだ。
　　みんなはどんな分け方をしたのだろう？

花のある仲間

花がない仲間

白い花の仲間

小さい花が集まっている仲間

### 挑戦してみよう

　図鑑は、いろいろな分類で構成されています。「科」や「属」は植物をグループ分けする方法の1つです。昔は見た目が近いものを同じグループに分けていましたが、今は進化の道筋でグループ分けをしています。そのため、昔の図鑑と今の図鑑では分類が違うときもあります。図鑑によって、「春に咲く花」「白い花」「校庭の雑草」など、さまざまな分け方をしています。色々な図鑑や本を比べてみましょう。

## 【解説1】分類は誰かが決めたもの?

植物図鑑に書かれた分類は、絶対的なものだと思っていませんか?

そんなことはありません。

たとえば、国境や県境は、何もない大地に人間が勝手に線を引いて分けたものです。

同じように生物の世界にも、本当は、分類はありません。人間が勝手に分けているだけなのです。

たとえば、イチゴはバラ科に分類されますが、一年草と多年草という分け方では多年草に分けられます。また、デザートとして食べられるので、スーパーマーケットでは果物に分類されますが、農家の人たちは、野菜に分類します。なぜなら、木に実らないので、野菜と同じように畑で育てられるからです。トマトを野菜に分類するか、果物に分類するかも、国によっても違います。

セリは田んぼの雑草ですが、野菜として栽培されることもありますし、分類は薬草とされる場合もあります。微生物のミドリムシは、植物に分類されたり、動物に分類されたりします。

昔の植物図鑑は、花の似ているものを同じ仲間として分類しています。現在の植物図鑑は進化の過程で分類しています。

要は、分ける人に都合がよいように分けているのです。ということは、どんな分け方をしてもOKということなのです。

昔の日本では、使い方によって植物を分類しました。たとえば、葉っぱを食べるものは、「油菜」「水前寺菜」「菊菜」のように、「菜」とつけます。雑草のナズナも、「なず菜」です。つまり、野菜のように食べられるのです。

茶は、今ではツバキ科の「チャ」のことですが、もともとは薬になる飲み物のことでした。ちなみに花祭りに飲む「アマチャ」はアジサイ科の植物です。

繊維を取る植物は「亜麻(アマ科)」「黄麻(シナノキ科)」「大麻(アサ科)」「苧麻(イラクサ科)」のように「麻」と分類しています。

現在の図鑑の分類に慣れた私たちには、奇妙に思えるかもしれません。しかし、現在でも私たちは昔の分け方を使っています。

たとえば「いも」。いもは地面に伸びる茎が食用になるものです。英語ではいもを表わす言葉はありません。ジャガイモ(ナス科)、サツマイモ(ヒルガオ科)のようにそれぞれを呼び分けていて、総称した呼び名はないのです。

「豆」も英語にはありません。英語では、「ピー(エンドウに似た豆)」「ビーン(インゲン豆に似た豆)」のように分けています。日本では木の実であるナッツも「豆」に分類します。植物の形ではなく、使い方によって似ているものをまとめているのです。

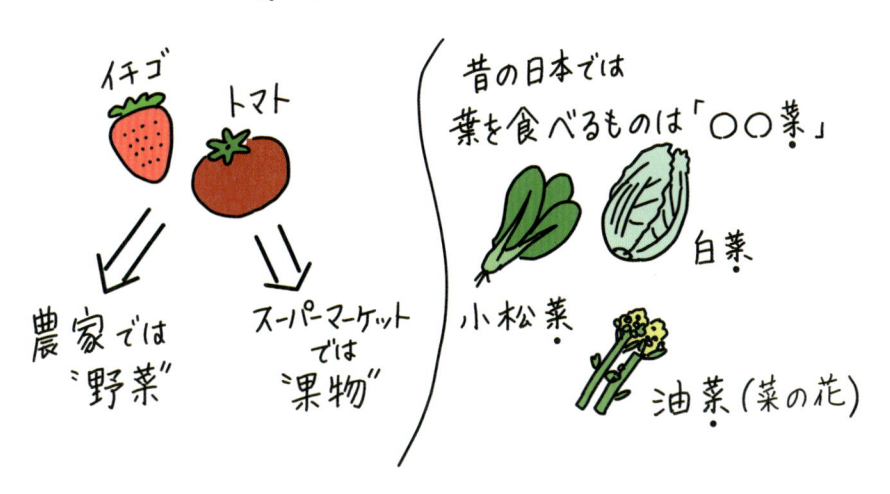

## 分類の仕方もいろいろあるよ

### 【解説2】雑草の分類

　植物は、主に単子葉植物と双子葉植物に分類されます。

　しかし、除草剤のラベルを見ると、雑草はイネ科雑草と広葉雑草に分けられています。イネ科雑草は単子葉植物ですが、双子葉植物の中には双子葉雑草と単子葉雑草が含まれます。除草剤の効き方からしたら、イネ科雑草と広葉雑草に分けるほうがわかりやすいのです。

　植物は、一年で枯れてしまう一年生植物と、何年も生きる多年生植物に分けられます。しかし、雑草は環境によって一年生になったり、多年生になったりするものがあります。

　分類って難しいですね。

　進化学者のダーウィンは、次のように言っています。

　「もともと分けられないものを、分けようとするからダメなのだ」。

# 26 仲間分けしてみよう!

季節 **春～夏**　対象 **3年生以上**

## 本時の目標と身につくこと

- 自分なりの視点を持って仲間分けをすることができる。(**知識・技能**)
- それぞれの分け方が違うということを考えられる。
  (**思考力・判断力・表現力等**)

## 本時の指導計画

| 児童の活動 | 指導上の留意点(🟢)と評価(🟠) |
|---|---|
| 1. 雑草を10種類取ってくる。 | 🟢 いろいろ種類のものを取ってくる。 |
| **雑草を仲間分けしよう。** ||
| 2. 自分が取ってきた<br>雑草の仲間分けをする。 | 🟢 各自が分けたものを記録できるような<br>ワークシートを用意する。<br>🟢 じっくり観察して、自分なりの分け方で<br>よいので仲間分けをする。<br>🟠 **自分なりの視点で仲間分けを行う。**(知・技) |
| 3. 友達の取ってきた雑草を<br>仲間分けしてみる。<br>取ってきた雑草を交換し、<br>仲間分けを行う。 | 🟢 仲間分けの視点は各自に任せることで、<br>一人一人の着眼を大切にする。 |
| 4. 分け方を伝え合い、<br>同じ分け方の共通点や<br>違いを確認する。 | 🟢 分け方は同じでも、違ってもよい雰囲気にする。<br>🟢 それぞれの考え方を<br>尊重するような声掛けをする。 |
| 5. 全体で共有する。 | 🟢 それぞれが決めた視点によって、仲間分けの<br>仕方が違うことに気づくようにする。 |

# 多様性って何だろう？

# 27 並べてみると、わかること
## 葉っぱの形や色の多様性を知ろう

私たち人間は、肌や目、髪の色、背丈、性格、考え方など、皆それぞれが違います。雑草の世界も同じです。葉っぱ1つにしても、形や大きさ、色など、さまざまな違いがあり、どれが「ふつう」かを決めることはできません。

### すすめかた

**1** 雑草の葉っぱを2枚取ってこよう。
どんなものでもよいけれど、木の葉はダメだよ。
クラスや班で集めてみると、たくさんの葉っぱが集まるね。
💡 ヒント：葉っぱ1枚だと、選ぶ葉っぱに偏りが出てしまうかもしれません。
葉っぱを2枚選ばせると、さまざまな葉っぱが集まります。

**2** まずは好きなように並べてみよう。
「この葉っぱ並べてみてごらん」「どんな順番に並べたの?」

**3** いろいろな順番に並べてみよう。
「長い葉っぱから、短い葉っぱの順番に並べてみよう」
「緑色の濃い葉っぱから、薄い葉っぱの順番に並べてみよう」

**4** 次の並べ方は難しいよ。
大きい葉っぱから小さい葉っぱまで、大きさの順番に並べてみよう。
長くて細い葉っぱと、横に広くて短い葉っぱは
どちらが大きいんだろう?　比べるのが難しいね。

**5** 小さい葉っぱと大きい葉っぱのグループに分けてみよう。
中間くらいの大きさの葉っぱがあって分けられない?
人によって意見が分かれるので、なかなか難しいね。

**6** それでは、「ふつうの葉っぱ」と、「ふつうじゃない葉っぱ」に
分けてみよう。そもそも、「ふつう」って何?　「ふつうじゃない」って何?
分けられないよね。

**7** 「小さい」と「大きい」の区別や、「ふつう」の基準なんて、
じつは存在しない。誰かが勝手に決めているだけのものだ。
本当は、いろいろな種類があるんだね。

# 28 いろいろな色
## どうして花の色はたくさんあるの?

花だんやプランターで大切に育てられている花は、摘み取ることができません。でも、雑草は花が咲いていても気軽に取ってくることができます。自分が好きな雑草の花を校庭で取ってきて並べてみましょう。どんなことがわかるかな?

### すすめかた

**1** 自分の好きな雑草の花を探して取ってきましょう。
💡ヒント:1つずつだと誰かと重なってしまう場合があります。
そんなときはもう1つずつ取ってきたり、2つずつ取ってきたりしましょう。

**2** みんなが取ってきた花を並べてみましょう。

**3** いろいろな色があるよね。どの色が一番、すばらしいのだろう。

**4** (例えば、黄色が植物にとって一番すばらしい花の色なら)全部の花が同じ色に進化するはずだよね。

**5** どうしていろいろな色の花があるのだろう? 話し合ってみましょう。きっと、花の色がたくさんあるのには、理由があるはずだ。

### すすめかたのポイント

● 花の種類が多い春や秋に、お薦めのプログラムです。

## 28 いろいろな色

季節 **春～夏** 対象 **4年生以上**

### 本時の目標と身につく力

● 雑草の花には、さまざまな色があることを知る。（**知識・技能**）
● 雑草の花にさまざまな色がある理由について、自分なりの考えを持つ。
（**思考力・判断力・表現力等**）

### 本時の指導計画

| 児童の活動 | 指導上の留意点(●)と評価(●) |
|---|---|
| 1. 校庭にある雑草の中で自分の好きな(お気に入りの)ものを取ってくる。 | ● (お気に入りを)決めにくい場合は、2種類まで取ってきてよいこととする。 |
| 2. 取ってきた花を並べてみて、気づいたことを出し合う。<br>・いろいろな色がある。<br>・形が違う。<br>・似たような形もある。<br>・同じ白や黄でもいろいろな色がある。 | ● 花の違いや同じところをまとめることで、色の話に目が向くようにする。<br>● 雑草の花にはさまざまな色があることを知る。(知・技) |
| 3. 雑草の花の中で一番いい色とは何かを考える。 | ●「一番いい」理由を発表し合い、どの色が優れているというわけではないことがわかるようにする。 |
| どうして、花の色はたくさんあるのだろうか。 ||
| 4. なぜ、このように多様な色が花にはあるのかを話し合う。 | ● 各自考え、ワークシートに記入する。その後、グループで話し合い、全体で共有する。<br>● さまざまな色がある理由について考えている。(思・判・表) |

※色覚特性によって、色の見方に違いがあるため、対象児童によって配慮する必要がある。

# もっともっと考えてみよう

## 想像力を鍛える

# 29 答えはない。 だから自由に考えてみよう

花だんの外に生えている
パンジーは雑草なのだろうか?

みんなの花だんに、植えた覚えのないジャガイモが
勝手に生えてきたら、それは雑草なのだろうか?
道ばたに勝手に生えてきたダイコンは
「根性ダイコン」と呼ばれる。
これは雑草なのだろうか?

校庭に生えている雑草が
役に立っていることはあるのだろうか?

雑草は人間に邪魔者扱いされることが多い。
しかし、役に立つことはあるのかもしれない。
この世の中に必要ない生物はいるのだろうか?

もし、世界中の
雑草がなくなったら、
世界はどうなるだろう?

人間は幸せになるだろうか?
生態系はどうなるのだろう?

> 今から1000年後のタンポポは、
> どんなふうになっているだろう?

地球の環境はどうなっているだろう。
どんな進化を遂げているだろう。
もしかしたら、人間に改良されているかもしれない。
もっとも、今から1000年昔は平安時代。
生物の進化からしたら、そんなに昔ではないかも。

> もし、人間が滅んだら、
> 校庭の雑草は
> どうなるのだろう?

校庭の雑草も絶滅してしまうのだろうか?
それとも、しぶとく生き残っているのだろうか?

> 最近の研究では、木よりも草のほうが
> 進化していると言われている。
> つまり1000年を生きる木から、
> 1年で枯れる草が進化したということだ。
> どうして、短く生きる植物が
> 進化したのだろう?

木のように1000年生きられるとしたら、
あなたも1000年生きてみたいですか?

# 図鑑とのつき合い方 ②

## 区別するための3つの方法

アイドルや推し活に疎い人は、どうすればその世界を知ることができるでしょうか。区別するための3つの方法をお薦めしています。

1つめは、グループでとらえてしまうこと。つまりは「箱推し」。「グラウンドの雑草たち」「花だんの雑草たち」というグループ（箱）にしてしまうのです。幸いにも、同じ環境にあるグループの雑草たちは、どれも特徴が似ています。

2つめは、名前に詳しいマニアになることをあきらめることです。「このアイドル、最近よくテレビに出ているなぁ」と思ったら、よく似ている別人だった、ということがあります。でも、自分が楽しむだけであれば、それで困ることはありません。

「同じだと思っていた植物がじつは別種だった」ということは、専門家でもよくあることです。

そして3つめは、推しメンバーだけに、ニックネームをつけること。そもそもアイドルすべてを覚えようとするから無理があります。推しメンだけ、本名ではなくニックネームで呼んでみるのです。雑草も同じです。推し雑草を見ていれば、季節の移り変わりや、生えやすい場所など、推し雑草を中心に豊かな雑草たちの世界を知ることはできるでしょう。

## 画像検索の使い方

検索エンジンや画像検索アプリの精度は上がっています。たとえ間違っているかもしれないとしても、大勢の人のビッグデータが集まれば、正解に近づけるということなのでしょう。もちろん、画像検索で導かれた植物名が間違っていることもあります。しかし、とりあえずの名前を知るだけであれば、十分です。

大切なことは、その雑草と他の雑草が識別できているということです。識別さえできていれば、その雑草の観察を続けていくうちに、やがて本当の名前を知ることができるでしょう。

たとえば『グラウンドの雑草たち』
GROUND → ZASSOU
**GZ**
GZ01　GZ05　GZ18
ホトケノザ　ハコベ　ナズナ

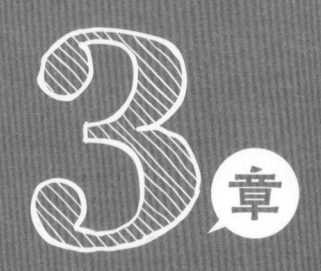

# 3.章

# 校庭で
よく見られる
雑草図鑑

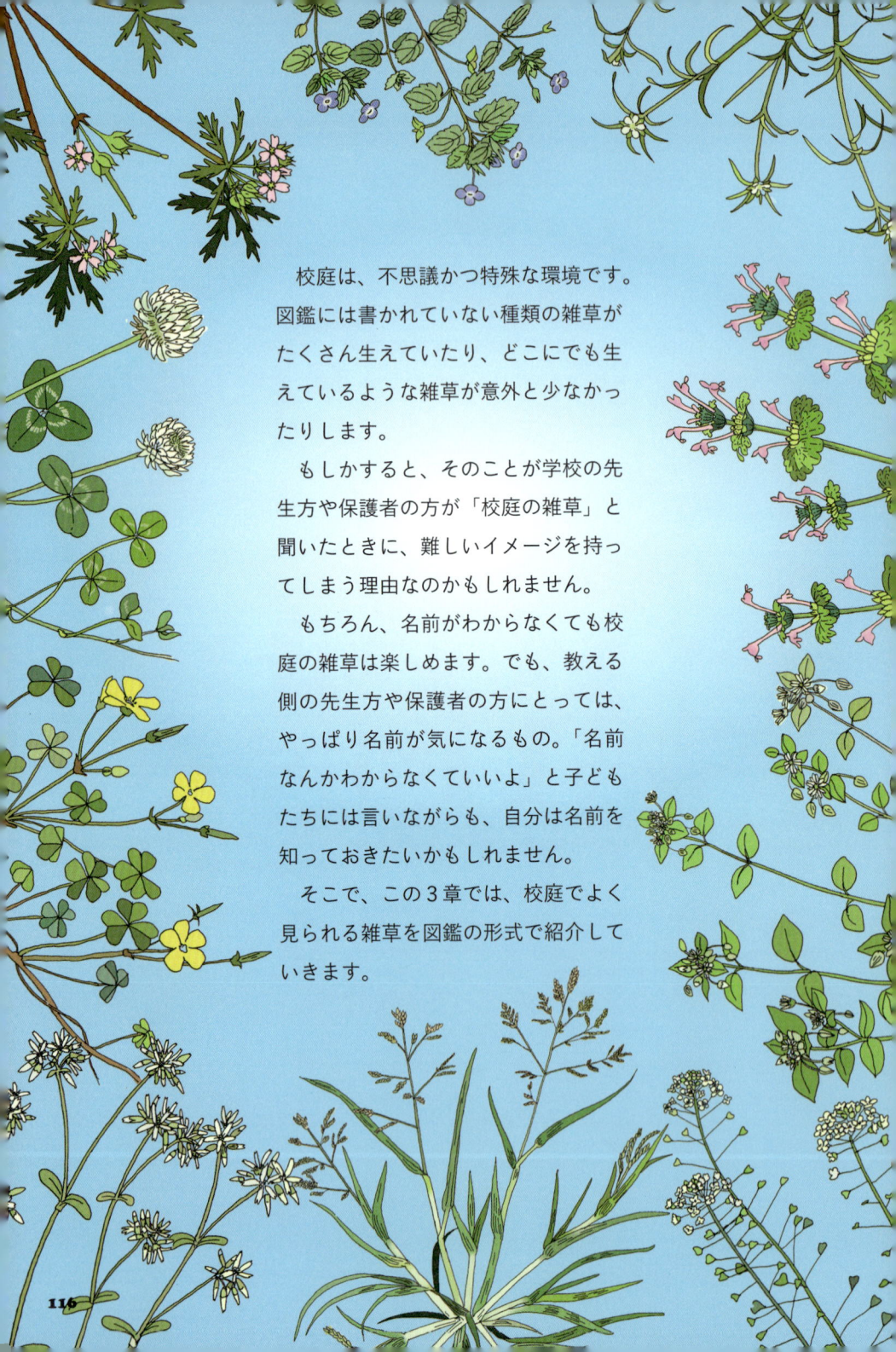

　校庭は、不思議かつ特殊な環境です。
図鑑には書かれていない種類の雑草が
たくさん生えていたり、どこにでも生
えているような雑草が意外と少なかっ
たりします。

　もしかすると、そのことが学校の先
生方や保護者の方が「校庭の雑草」と
聞いたときに、難しいイメージを持っ
てしまう理由なのかもしれません。

　もちろん、名前がわからなくても校
庭の雑草は楽しめます。でも、教える
側の先生方や保護者の方にとっては、
やっぱり名前が気になるもの。「名前
なんかわからなくていいよ」と子ども
たちには言いながらも、自分は名前を
知っておきたいかもしれません。

　そこで、この3章では、校庭でよく
見られる雑草を図鑑の形式で紹介して
いきます。

# 春〜夏に校庭でよく見られる主な雑草

　校庭に生えている雑草の種類は季節ごとに限られます。

　春と夏の雑草は校庭のグラウンドと花だんに限れば、その数はわずか10種類程度*。しかも、東京都、静岡県、愛知県のいくつかの小学校の校庭の調査では、主な雑草は地域によらず共通していました。

　つまり、わずか10種類ほど覚えれば、校庭の雑草のことがほとんどわかる雑草博士になれるはず。その10種類を紹介しましょう。

*　地域が大きく異なると、生えている雑草は異なるかもしれません。
　しかし、「限られた雑草だけ覚えれば雑草博士になれるであろう」という事実は共通するように思えます。

# ① ホトケノザ
（仏の座）

見つけやすい雑草で「春見つけ」の定番。タンポポやスミレほど、誰もが知っている雑草ではないけれど、見分けやすい上に覚えやすくて、知っているとちょっとだけ自慢できる。まさに雑草界のトップバッター。雑草マスターへの道を歩むため、最初に覚える雑草として最適な雑草だ。

## 見つけるポイント

ピンク色の花が特徴。どこにでも生えているような印象だが、生える場所は決まっている。校庭マップを作ってその場所を確認してみよう（84〜87ページ参照）。
じつは、やわらかい土が大好き。花だんに多く見られるのが特徴だ。

## 春の七草のホトケノザとは

漢字で書くと「仏の座」。いったいどこが仏なのだろう？　葉っぱをよく見ると茎を囲んでいるよう。その様子が、仏さまが座っている蓮華座に似ていることから名づけられた。

春の七草と誤解されることもあるが、春の七草で「ほとけのざ」と言われるのは、小さなタンポポのような花をつけるコオニタビラコという別の植物。たまたま同じ名前なのだが、何ともややこしい。

## 茎は何角形?

植物の茎は丸い形？　本当だろうか。ホトケノザの茎をさわって確かめてみよう。ホトケノザの茎は四角形。同じシソ科のシソやミントはどうだろう？家の柱を四方に四角く立てるようにして、茎を頑丈にする作戦だ（67 〜 69 ページ参照）。

## 虫の気持ちになってみよう

虫の気持ちになって、花を横から覗いてみよう。花の奥に昆虫を誘導する仕組みになっている。まず、下の花びらに模様があり、その花びらに虫が止まると、花の奥への入り口が見える。その花の奥底に蜜がかくされているのだ。このしくみを理解できない虫は、ただ花の上をうろうろするだけなのだ。

## 甘い蜜を吸ってみよう

花の根元には甘い蜜があるので、花を取って根元を吸うと甘い味がする。ところが、ときどきハズレがある。当たりハズレがある方が、虫たちが張り切るからだとか。

似ている植物

### ヒメオドリコソウ

ホトケノザは日本に昔からある在来植物。よく似ているのが、外国からやってきた外来種のヒメオドリコソウである。ヒメオドリコソウは、やや涼しい地域に多いようだ。

ホトケノザの葉っぱは丸くてのんびりした印象を与えるのに対して、ヒメオドリコソウは葉っぱが三角形で、シャキッとしたイメージなのが特徴。

# 2 ハコベ
（繁縷）

学名は「ステラリア（Stellaria）」。これはラテン語で「星」を意味する「ステラ」に由来しているらしい。目立たないが、よく見ると花だんの中などでたくさんの花を咲かせている。校庭に潜む星空を見つけることができるだろうか？

## 花びらは何枚？

ハコベの花びらは何枚あるだろう？数えてみると10枚あるように見える。しかし本当は5枚。

1枚の花びらがウサギの耳のように2つに分かれていることで、10枚に見えるのだ。花びらの数を多く見せることで、昆虫を呼び寄せている。

### 見つけるポイント

やわらかい土が大好き。花だんに多く見られる。図鑑では、ミドリハコベとコハコベの2種類に区別している。葉っぱがやわらかくておいしそうに見えるのがミドリハコベ、茎が目立っておいしくなさそうなのがコハコベだ。

# 3 オランダミミナグサ
## （おらんだ耳菜草）

その名のとおり、ヨーロッパからやってきた外来種。よく似た種類に在来のミミナグサがあるが、こちらは校庭ではほとんど見られないので、校庭に生えているのはオランダミミナグサと思ってよい。毛の生えた葉っぱの感触や形が、ネズミの耳に似ていることから「耳菜草」という。さわった感触は、人間の耳たぶにも似ていて、やみつきになるほど気持ちがいい。

## 食虫植物ではないのに、虫をつかまえる？

　茎に生えた細かい毛から粘液を出すので、茎がネバネバしている。これは、害虫から身を守るためと考えられている。たまたまとまった虫が動けなくなっていることがあるが、食虫植物ではない。

　もしかすると、食虫植物は、このようなことがきっかけとなって進化していったのかもしれないと思わせる。

### 見つけるポイント

花だんなどによく見られる。細かい毛が生えていて、肌ざわりの良い葉っぱが特徴。ハコベと同じ仲間だが、茎が立ち上がり二股に分かれていることから、遠くからでもハコベとは区別できる。

# 4 ナズナ
## (薺)

「ぺんぺん草」の別名でおなじみ。昔は家が落ちぶれて荒れ果てることを「ぺんぺん草が生える」と言い、さらに落ちぶれて荒れ果てると「ぺんぺん草も生えない」と言ったとか。ナズナの名は「撫菜」や「愛らしい菜っ葉」に由来するとも言われている。名前の由来は他にも諸説あり、それだけ、昔からなじみのある雑草ということなのだろう。

### 見つけるポイント

葉っぱの形はさまざまで、葉っぱだけでナズナと見分けることは難しい。花が咲けば、見つけやすくなる。菜の花と同じアブラナ科の仲間なので、子どもたちが授業で育てる菜の花と同じ花のつきかただ。似ている種類が他にもあるが、ナズナは三角形の実の形が特徴。

## 三味線のばち
<small>しゃみせん</small>

　ぺんぺん草というメジャーな別名の他に、「三味線草」という別名もある。これは、果実の形が三味線の「ばち」に似ているため。また、前述したもう1つの別名である「ぺんぺん草」の由来は、三味線を弾くときの「ぺんぺん」という音という説もある。

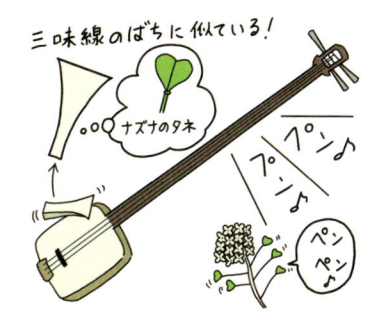

## タネを包むゼリー

　英名は、Shepherd's Purse（シェパーズ・パース）。これは「羊飼いの財布」という意味。タネのいっぱい入った実が、財布にたとえられた。

　実の中のタネに水を与えると、ゼリー状の物質を出してタネを包む。これは、水の少ないところで芽を出す砂漠の植物に見られる特徴だ。雨の多い日本で、どうしてナズナのタネが粘着物質を持っているのかは、謎である。

## 小さなナズナを探す

　ナズナは条件の悪いところでは、小さな株で花を咲かせている。そんなナズナを見つけることができるだろうか？

　もし見つけることができたら、どんなところに小さいナズナがあるか考えてみよう。そして、どれだけ小さなナズナを見つけることができるか、さらに探してみよう。

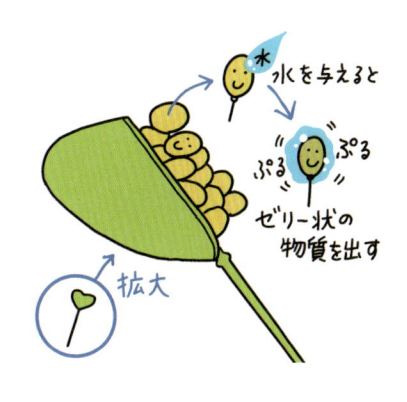

タネツケバナ（134ページ参照）

# 5 オオイヌノフグリ
## （大犬のふぐり）

子どもたちが大好きなかわいらしい花なのに、名前の由来*は大人たちを困惑させる。こんなに可憐な花の名前が、その愛らしさと相反するところがすごい。別名はその容姿にふさわしく「星の瞳」。海外では「キャッツアイ（猫の瞳）」とも呼ばれている。あなたなら、この「かわいそうな名前」をつけられた雑草に、どのような名前を与えるだろうか。

### 見つけるポイント

花だんやその周辺で、よく見つかる。春に先駆けて、まだ寒い頃から咲き始めるのが特徴。るり色の花を咲かせる雑草は珍しく、よく目立って見つけやすい。

\* 名前の由来は各自で調べてください。

## 花は揺れて落ちやすい

花は不安定で、よく揺れる。しかも、手でさわると花びらはすぐに落ちてしまう。虫は受粉するとき、揺れる花から落ちないように、真ん中の太いおしべにしがみつくらしい。

また、受粉が終わったことを示して、他の花に昆虫を誘導するために花びらを落とすとも考えられている。本当だろうか？

ポロッ

似ている植物

### タチイヌノフグリ

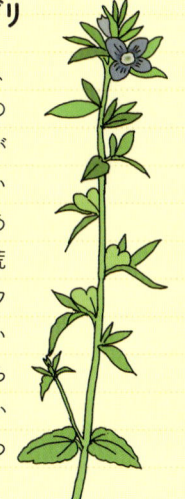

元祖と同様に、ヨーロッパ原産の帰化植物。花が小さく目立たないが、他の植物があまり見られない荒れ地にオオイヌノフグリよりも生えていることも。茎が立ち上がっていることから、この名前がついたのだろう。

### フラサバソウ

近年、増殖の傾向にある。名前はフランスの植物学者に由来している。小さな花の色は薄い青色で、タチイヌノフグリと同じく目立たない。全体的に長い毛が多く、果実の形が違うことから元祖と区別ができる。

# 6 アメリカフウロ
（あめりか風露）

NHK連続テレビ小説の「とと姉ちゃん[*1]」では、ヒロインの初恋相手が未知の植物を発見したと大騒ぎになるというシーンがある。ところが、それはすでに著名な植物学者、牧野富太郎[*2]が一足早く見つけて発表した直後だった。この朝ドラに登場した新種の植物が、アメリカからやってきたアメリカフウロである。

## 観察のポイント

バネのようなしくみで、タネをはじき飛ばして実が反り返る。タネを飛ばした後の形から、「神輿草」という別名も。

あなたは、何に見えるだろうか？

### 見つけるポイント

花言葉は、「誰か私に気づいて」。目立たない草だが、花だんのまわりなどでよく見られる。ピンク色の花がかわいらしく、ときどき葉っぱが真っ赤になるのが、チャームポイント。

*1 2016年4月4日から10月1日に放送された2016年度上半期放送のNHK「連続テレビ小説」第94シリーズの作品。
*2 1862-1957。新種や新品種など約1500種類以上の植物を命名し、日本植物分類学の基礎を築いた1人。彼が主人公として描かれたNHK「連続テレビ小説」が「らんまん」。2023年度上半期放送、第108シリーズの作品。

# 7 シロツメクサ
## （白詰草）

誰もが大好きで、つい探したくなる四つ葉のクローバー。「クローバー」が、この雑草。ツメクサは漢字で書くと「詰草」。江戸時代にガラス製品が割れないように梱包材として「詰めた」ことから名づけられた。たしかに葉っぱは、やわらかそうだ。爪に似たことから名づけられた「爪草」という草もあるが、これは別の雑草である（次ページ参照）。

### 見つけるポイント

「シロツメクサがリストになければ、その植物の調査は信用できない」と言われるほど、どこにでも見られる雑草の代表。三つ葉が特徴。ただし、校庭のどこにでも生えるわけではなく、たくさん生えているわけでもない。校舎の横など、グラウンドほどではないけれど踏まれやすい場所が、見つけるポイントだ。

# 8 ツメクサ
## （爪草）

細い葉が鳥の爪に似ていることから、名づけられた。駅前や繁華街、「こんなところに雑草が生えているの？」と思うような場所でも見つかるのが、この雑草。カーネーションと同じナデシコ科の雑草だが、似ても似つかぬ小さな姿で、アスファルトやコンクリートのすき間に潜んでいる。

### 見つけるポイント

よく踏まれるところに生える雑草の定番。コンクリートの割れ目や、道路のタイルの目地などに、コケのように生えている。歩いて探すだけではあまり見つからない。立ち止まり、しゃがみこんで探してみると、じつはたくさん生えていることに気づくだろう。

# 9 スズメノカタビラ
（雀の帷子）

「かたびら」とは、浴衣のように裏地をつけない単衣の着物のこと。穂の中の小さな1つ（小穂）の重なりが、着物の合わせに似ていることに由来している。さらには、小さいことをスズメに例え、「スズメのかたびら」と名づけられた。虫めがねもなかった時代に、昔の人は細かいところを見て、名づけたものだ。

## 見つけるポイント

イネ科の雑草を見分けることは簡単ではないが、スズメノカタビラには特徴がある。葉っぱの先端が、船の舳先（へさき）のような形をしているのだ。冬から夏にかけて、何も生えていないように見えるグラウンドでも、ありとあらゆる場所に生えている。

# ⑩ カタバミ
## （片喰）

ヨーロッパでは、カタバミの葉っぱで鏡を磨くと、好きな人の姿が鏡に現れると言い伝えられている。日本では、その昔、戦国武将たちが、こぞってこの雑草の葉っぱを家紋のデザインに用いた。どこにでもある雑草ながら、何とも言えない魅力を持っているゆえだろう。

### 見つけるポイント

花だんによく見られる。クローバーに似た三つ葉だが、葉っぱがハート型をしているのが特徴。

## 夜になると眠る

夜になると葉っぱを閉じて眠る。

食べることを「食む」と言うが、葉っぱが閉じた様子が、片方が食べられたように見えることから「片喰」と名づけられた。

## 10円玉みがき

葉っぱにはシュウ酸という成分が含まれるため、10円玉に葉っぱをこすりつけるようにして磨くと、酸化銅が溶けてピカピカになる。

磨く前　　　　磨いた後

## タネ爆弾

草取りをしていると、バチバチと音を立ててタネをばらまく。熟した実に触れると、タネがはじけ飛ぶのだ。草取りされることで、こんなふうに増えていく。しかも、はじけ飛んだタネは、草取りした人の服にくっついて運ばれていく。何ともしたたかな雑草だ。

実は上方へ

タネの皮は下方へ

似ている植物

## ムラサキカタバミ

紫色の花と元祖より大きい葉が特徴。株元に生じる小鱗茎（球根）が散らばって増える。別名はキキョウカタバミ。

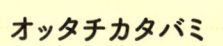

## オッタチカタバミ

最近、増えている外来種。茎が太く立ち上がり、肘を曲げたロボットのような姿で実をつける。全体に白い毛が多い。

## オオキバナカタバミ

カタバミの仲間は「オキザリス」と呼ばれて園芸種として人気。葉に紫がかった褐色の点々があるのが特徴。

# 雑草が語る学校の歴史

## 上流に田んぼは ないのに……

　校庭の雑草を調査していると、ときどき不思議なことに気づきます。あるときは、住宅街にある学校の片隅に、牧草地に生える雑草が生えていたことがありました。どうしてなのでしょう？　もしかすると、その昔、学校のまわりで牛を飼っていたのかもしれません。

　校内の溝の中から田んぼの雑草が花を咲かせていたこともあります。まわりの田んぼからタネが流れてきたのでしょうか？　でも、学校の上流は住宅地になっていて、田んぼはありません。もしかすると、今はなくてもその昔は上流部に田んぼがあったのかもしれません。昔、学校に流れてきたタネが芽を出しているのかもしれませんし、もしかすると、この田んぼの雑草は、水がたまる学校の溝の中で生き残ってきたのかもしれません。

## 学校の中の 田んぼにある雑草

　校内に田んぼを設けている学校もあります。そんな田んぼには、まわりの田んぼでは見かけない雑草が生えていることがあります。まわりの田んぼは除草剤を使いますが、学校の田んぼは昔ながらの環境を残しているからなのかもしれません。

　学校のまわりの風景は、変貌していきますが、学校内の環境はあまり変わりません。そのため、学校の中には、昔その地域で生えていた雑草が生き残っていることがあるのです。

　学校は、その地域で歴史を刻んでいきます。そして、そんな学校に生える雑草もまた、地域の歴史を物語っているのです。

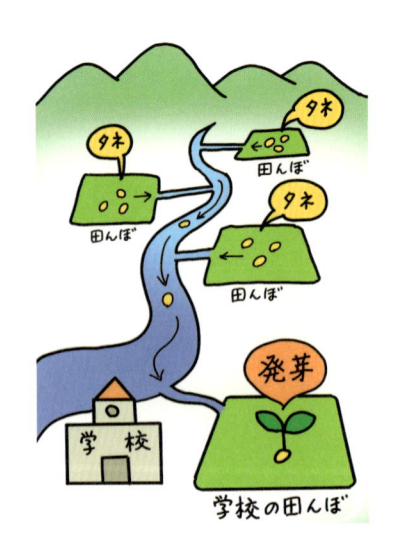

# もう少し知りたい人のための注目すべき春〜夏の雑草

　校庭の雑草のことがほとんどわかってしまう10種類をマスターして、「まだ、もう何種類か雑草のことを知っておきたいな」と思った人はいませんか？　春から夏にかけて校庭でよく見かける雑草は、もちろんほかにもまだあります。さらに雑草マスターのレベルアップを目指すあなたのために、注目すべき雑草をもう少しだけ紹介しましょう。

# タネツケバナ
**（種漬花）**

草取りをしていると、バチバチと音を立ててタネをはじき飛ばす。タネをたくさんつけているので、漢字で書くと「種付け花」だと思われがちだが、本当は「種漬け花」。「種」は、イネのタネ、すなわち「種もみ」のこと。タネツケバナの花が咲く時期が、種もみを水に漬けて、田んぼの作業を始める時期の目安になったことに由来している。

**見つけるポイント**

ナズナによく似ているが、実の形で区別できる。ナズナの実は三角形なのに対して、タネツケバナの実は、細長い棒の形。

## 熟すと果実が裂けて弾ける

草取りをしているときに、実がついた雑草を抜こうとすると、顔に小さな粒がバチバチと当たったことはないだろうか。足先で蹴るようにして触れると、その実ははじけて、何十センチも飛んでいく。

タネツケバナの実は、長角果（ちょうかくか）と呼ばれる、細長い角状をしている。熟すと縦に裂けてタネをはじき飛ばす。

## タネツケバナに似た外来種

タネツケバナは湿った場所に生えるので、タネツケバナが生えていれば、そこは雨が降ると水がたまるような湿った場所だと判断できる。

だが、校庭の乾いた場所にタネツケバナらしき雑草が生えていることがある。これは外来種のミチタネツケバナ。バンザイをしているように、タネをつけるのが特徴だ。

似ている植物

**ナズナ**（122ページ参照）

# カラスノエンドウ
## （烏野豌豆）

正式な和名はヤハズエンドウ。エンドウやスイートピーに似た花を咲かせるマメ科の雑草。マメ科の花は、左右相称で、チョウに似た形から蝶形花と呼ばれている。ダイズなどと比べても花が大きいので観察しやすい。名前にエンドウとあるが、じつはソラマメの仲間。

## 花外蜜腺
<ruby>花外蜜腺<rt>か がい みつせん</rt></ruby>

蜜があるのは花だけではない。じつは葉っぱが蜜を出すものもある。

カラスノエンドウの葉の付け根には、蜜を出す「花外蜜腺」と呼ばれるものがある。蜜でおびき寄せられたアリがエサ場を守ることで、害虫から守ってもらおうという作戦なのだ。

花外蜜腺

## 双葉は地上に出さない

カラスノエンドウは、双葉を地面の上に出さない。双葉を地面の中に置いたままでつるを伸ばしていく。

つるは成長が早いので、地中の奥深くからでも地上にたどりつけるというわけなのだ。

カラスノエンドウはソラマメの仲間なので、同じような芽の出し方をソラマメでも観察することができる。じつは、ソラマメの双葉はマメの中いっぱいに詰まっていて栄養をたくわえている。そして、双葉を開くことなく、双葉に蓄えた栄養を使って、いきなり本葉を登場させるのだ。

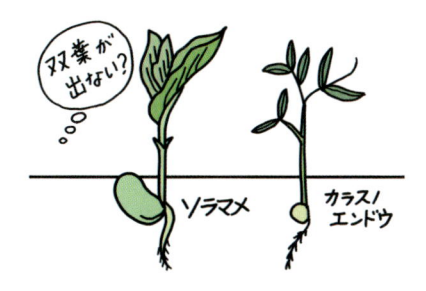

双葉が出ない？　ソラマメ　カラスノエンドウ

---

### 見つけるポイント

花だんの中で生い茂り、他の植物にまぎれて知らん顔をしている。ツツジのような植え込みの中から顔を出していることもある。つる性植物のため、茎を丈夫にしなくても、他の植物に巻きつきながら上へ伸びることができるので成長が早い。植え込みの外のものに比べて、植え込みの中のものは葉と葉の間の間隔が広く、徒長していることがわかるだろう。図鑑にはスズメノエンドウに似ていると書かれていることが多いが、大きさがまったく違う。見分けにくいのはスズメノエンドウとカスマグサだろう（次ページ参照）。

## カラスの由来は黒い実

「カラスのエンドウ」と思われがちだが、じつは「カラス」・「野豌豆」。カラスノエンドウは、よく似ているスズメノエンドウやカスマグサよりも巨大。芽生えのときは見分けが難しいが、大きくなれば見間違えることはない。実が黒く熟すことから、「カラス」と名づけられた。

似ている植物

### スズメノエンドウ

　カラスノエンドウよりも全体的に小さいので、「カラス」に対して「スズメ」をあてたのが名前の由来。スズメノエンドウの花は青っぽい白で、葉っぱの先はハサミで切ったように、まっすぐになっている。葉の先の巻きひげは数本に分かれている。花の数も多いので、ごちゃごちゃした感じに見える。

### カスマグサ

　カラスとスズメの間の大きさであることから、「カとスの間」という意味でつけられた「カスマグサ」。うまく名づけたかどうか微妙なネーミングセンスだ。
　カスマグサの花は紫色。葉っぱの先はとがっている。葉の先の巻きひげは、だいたい1本。葉っぱや花の数も少なく、すき間が多い。

# 花を咲かせるものは少ない 夏〜秋の雑草

夏になると、アサガオやヒマワリなどの栽培している植物は花を咲かせますが、雑草で花を咲かせるものは少なくなります。なぜなら、暑すぎて、花粉を運ぶ昆虫の活動も少なくなるからです。

春の雑草と同じように、夏と秋の雑草もグラウンドと花だんに場所をしぼって9種覚えれば、ほとんどの雑草のことがわかります。しかし、花が目立たない夏の9種は、とてもマニアック。雑草博士を通り越して、雑草マニアの域に入ってしまうかもしれません。

# コミカンソウ
## （小蜜柑草）

誰も名前を知らないし、図鑑では、さほど注目されていない取り上げ方。それなのに、なぜかどこの学校でも、たくさん見られる。まさに「校庭の雑草」界の影のエースだ。この雑草の名前を言えるだけで、「校庭の雑草通」の名を欲しいがままにできるだろう。

### 見つけるポイント

花だんに多く見られる。1つ見つければ、じつは、他にもたくさん潜んでいたことに気がつくだろう。

## じつは花も面白い

コミカンソウの小さな実を見つけたら、今度は花を咲かせているものを探してみよう。枝の先の方に雄花をつけ、枝の根元の方には雌花がつく。もちろん、実がなるのは雌花だけだ。

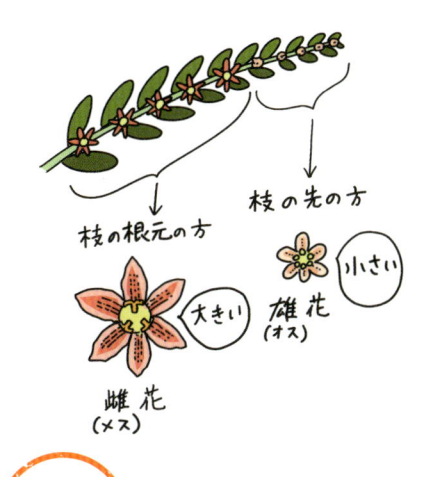

## どこがミカンなのか?

コミカンソウの「コミカン」は、小さい蜜柑（ミカン）という意味である。どこがミカンなのだろう。みんなで考えてみよう。

まだコミカンソウの見た目を知らない段階で「コミカンソウと呼ばれる雑草はどれだろう?」と、みんなで探してみても面白い。

### ナガエコミカンソウ

最近ひそかに増えているのがナガエコミカンソウ。まるで植えられた苗木のような姿をしているので、雑草だと気づきにくい。ブラジルコミカンソウとも呼ばれる。

# クグガヤツリ
## （莎草蚊帳吊）

本当に目立たず、誰も気がつかない。それなのに、河川敷や畑地、空地など雑草が目に入る場所に行くと、いたるところに生えている。クグガヤツリの存在が気になるようになれば、君は完全に雑草マスターだ。

### 見つけるポイント

グラウンドに見られる。花の部分である小穂（しょうすい）は黄色で光沢がある。葉は茎より短い。

# タカサブロウ
## （高三郎）

なぜか人名のような名前がつけられている。一郎でも次郎でもなく、三郎なのが謎。イチロウやジロウはない。稲作の伝来といっしょに大陸から日本に入ってきたとされており、田んぼのまわりに多い雑草だが、なぜか校庭でも多く見られる。

**見つけるポイント**

円盤状の花が、小さなヒマワリを思わせる。湿り気がある場所を好んで生えている。

# オオバコ
## （大葉子）

「死んだカエルにオオバコの葉をかぶせると生きかえる」という古い言い伝えがある不思議な雑草。そのためか、葉の形がカエルに似ているからか、カエルッパと呼ぶ地域もあるとか。茎をからませて引っ張り合う草相撲の定番。強くてしなやかな茎も、踏まれることに強い秘密なのだ。

### 見つけるポイント

「踏まれるところに生える」と言われているが、本当は踏まれすぎるのは苦手。よく踏まれるグラウンドには見られない。校舎の脇など、「たまに人が通るところ」くらいの場所が見つけるポイントだ。

## 葉っぱをちぎると現れる

葉っぱをちぎると白い糸が現れる。これが理科の教科書で習う「水を運ぶ維管束」。葉っぱだけのロゼット＊（91〜93ページ参照）のときは、植物を見分けることは難しい。しかし、白い糸が出てくればオオバコだと区別ができる。

＊ 茎の節の間が伸びずに葉が重なり合い、放射状になっているもの。（22ページと74ページの解説を参照）

オオバコだってすぐにわかるね！

葉っぱをちぎると
白い糸が現れる！

## 水に濡れると変身する

タネを水に濡らすと、ゼリー状の物質が現れる。このネバネバで靴の裏や車のタイヤにくっついて、遠くへ運ばれていき、増えていくのだ。

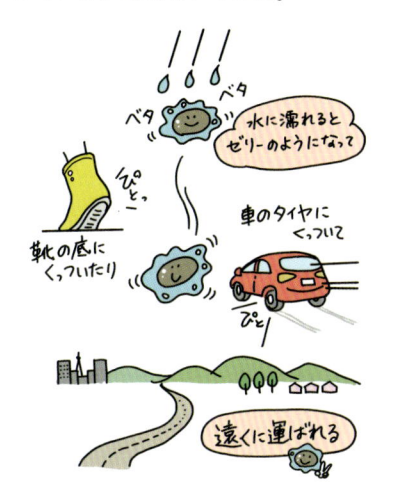

ベタ
ベタ
ベタ

水に濡れると
ゼリーのようになって

ぴと

靴の底に
くっついたり

車のタイヤに
くっついて

ぴと

遠くに運ばれる

## 単子葉にあこがれている雑草？

オオバコは双子葉植物（105ページ参照）。ところが、ちょっと見ただけだと、単子葉植物に似ている。双子葉植物でありながら、単子葉植物の姿にあこがれて、姿を似せているコスプレイヤーといえよう。葉っぱは網状脈なのに、平行脈に似ている。主根はごく短く、まるでひげ根のようだ。

葉っぱは
平行脈に似ている

根っこはまるで
ひげ根のよう

# ツユクサ
## （露草）

青い花びらが特徴だ。何だか顔のようにも見える。NHK Eテレの人気番組「ニャンちゅう！宇宙！放送チュー！*」のキャラクター、ネコのニャンちゅうのようでもある。昔の人は帽子をかぶった人に見えるとか、ホタルに似ているとか、いろいろな見立てをして名前をつけたらしい。あなたには、何に見えるだろうか？

### 見つけるポイント

意外とグラウンドには少ない。やや湿った場所が好きなので、校庭の隅の日当たりの良くないところを探してみよう。

＊ NHKEテレで2018年から放送されている子ども向け・教養バラエティ番組。

## 青色と黄色のひみつ

ツユクサが呼び寄せるアブは、黄色い花を好む。それなのに、ツユクサの花びらは青い。どうしてなのだろう。よく見ると雄しべの黄色を、青い花びらが目立たせている。じつは、黄色と青色の組み合わせはよく目立つ。みんなのまわりで、黄色と青色の組み合わせのものは何があるだろう？

## はかない命は本当か?

ツユクサの花は朝咲いて、昼には閉じてしまう。花の命が短いツユクサは、はかないものとされている。それは本当だろうか？　ツユクサの花の後ろにある葉っぱのようなもの（苞）を開いてみると、小さなつぼみが並んでいる。ツユクサは短い命の花を次々に咲かせる作戦を取っているのだ。

# クズ
## （葛）

「クズ」と呼ばれているが、ゴミではない。くず粉やくず餅など和菓子に使われているクズだ。もともとは国栖（くず）という古代の地名に由来している。日本原産だが、最近ではアメリカに渡り日本からの外来植物として繁殖し、大暴れ。グリーンモンスター（緑の怪物）と恐れられている。

### 見つけるポイント

クズが生い茂るとジャングルのようになってしまう。校庭の隅のフェンスに巻きついて、その外側まで侵入していることが多い。

## 葉っぱにある力こぶ

葉っぱの根元が力こぶのようにふくらんでいる。これは葉っぱを動かすための「葉枕」と呼ばれるもの。3枚の葉っぱを自在に動かして、葉に受ける力の量を調節することができるのだ。

ようちん
「葉枕」

力こぶ
みたいだね

## これでも秋の七草

昔の人は、秋の野に咲く美しい花を選んで「秋の七草」とした。クズも秋の七草の1つ（57ページ参照）。もっとも夏休みの終わり頃から咲き始める。なぜかって？　昔の人は、立秋よりも後の時期を秋だと考えていたからだ。

見て楽しむ
秋の七草

萩（はぎ）

葛（くず）

薄（すすき）

撫子（なでしこ）

藤袴（ふじばかま）

桔梗（ききょう）

女郎花（おみなえし）

## 花は〇〇の香り

葉っぱの影にかくれている花を探して、においをかいでみよう。

図鑑にはブドウやワインの香りと書かれていることが多いが、実際には子どもたちが大好きなグレープ味の飲み物のにおいに似ている。

## 葉っぱが落ちると……

葉っぱが落ちた跡を見ると、顔のように見える。これは葉に水を送る維管束だった部分だ。色々な顔があるから、探してみよう。自分に似ている顔はあるかな？

葉っぱが落ちた跡が
いろいろな顔に見える

ヒョエー

# コセンダングサ
## （小栴檀草）

秋になると子どもたちの服にくっついてくるトゲトゲした植物のタネは、「ひっつき虫」や「くっつき虫」と呼ばれている。コセンダングサは「ひっつき虫」の定番。「ちくちくボンバー」や「ひっつきもっつき」「くっつきボンボン」など、さまざまな別名がある。くっつくタネがバカなのか、くっつかれた人間がバカなのか、地域によっては「バカ」と呼ばれている。

**見つけるポイント**

管理されているグラウンドの中には意外と少ない。管理の手が届きにくい校庭の隅が狙いどころだ。

## くっつく秘密を見てみよう

　タネの先の鋭い棘が刺さり、服にくっついてくる。虫めがねで見てみると、くっついたタネが簡単に抜けないように、釣り針と同じような「返し」がついていることがわかるだろう。人間の世界にも、同じような仕組みのものが他にもあるかな。

## タネをまいてみよう！

　雑草のタネは、まいてもすぐに芽が出ないものが多いが、コセンダングサは芽が出やすい。タネをまくと、タネの形をした細長い双葉が出てくる。太いタネよりも、細長いタネのほうが芽を出しやすい。

## ひっつき虫のオールドスター

　昔の子どもたちのひっつき虫の定番は、オナモミ。投げてあそんだ思い出がある大人も多いだろう。しかし、このオナモミは最近ではめっきり減っている。環境が変化してしまっているのだ。代わりに増えているのが外来植物のオオオナモミ。大きいオナモミという名前だ。名前を言うときには、「オ」の数に気をつけて。

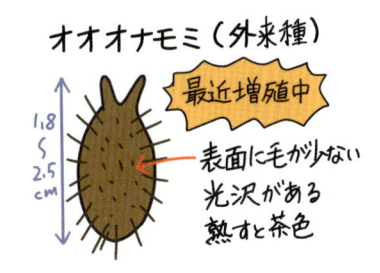

# コニシキソウ
## （小錦草）

よく踏まれるところに生える雑草の定番。横に伸ばした茎に葉を広げ、踏まれてもダメージを受けにくい姿で成長している。目立たない花には蜜腺があり、アリが花粉を運んで受粉する。別に上に伸びなければならないということはなく、地べたをはう生き方にも成功があることを教えてくれる。

### 見つけるポイント

ジメジメした場所や水辺を好んでベタッと張りついている姿がよく見られる。このイラストは立ち姿。乾燥にも強く、アスファルトのすき間から生えていることも。

# 雑草マスターを
# めざす人のための
# 雑草の見分け方講座

── 注意！ ──
雑草マスターを目指すつもりがない人は、
ここから先は読まないでください。

ニホンタンポポ

セイヨウタンポポ

# ニホンタンポポ
# セイヨウタンポポ
## （日本蒲公英・西洋蒲公英）

昔から日本にいるカントウタンポポなどのニホンタンポポ*
と、外国からやってきたセイヨウタンポポ。見分け方は総
包片（花の下の緑色の部分）が反り返らないのが在来の
タンポポで、反り返るのがセイヨウタンポポ。都市化され
た環境では、セイヨウタンポポが増えるため、在来のタ
ンポポとセイヨウタンポポの分布を調べるタンポポ調査
がよく行なわれる。

＊本書では、在来のタ
ンポポ（カントウタン
ポポやカンサイタン
ポポ）を総称してニ
ホンタンポポと表記
します。

## ニホンタンポポ

春にしか咲かない。春以外に咲いていれ
ば、それはセイヨウタンポポ。夏にはほ
とんど葉を落とし、秋頃にまた葉を出す。

## セイヨウタンポポ

まとまって咲くのがニホンタンポポ。
ポツンと咲いていれば、それはセイヨ
ウタンポポ。冬のロゼットは、ライオ
ンの歯のよう。

### もっと知りたい人のために

最近では、ニホンタンポポとセイヨウタンポポの雑種が増えている。総包片の
反り返り方が中途半端なものが、雑種である。

エノコログサ

アキノエノコログサ

キンエノコロ

ムラサキエノコロ

# エノコログサ
## （ねこじゃらし）

通学路や空き地、河川敷などあらゆる場所で見られる、誰もが一度は引き抜いたであろう、有名な雑草。ふわふわとした穂を持つ見た目から、ねこじゃらしとも呼ばれる。

### 普通のエノコログサ

日当たりが良い場所が好き。穂は緑色。葉のさやの縁に毛が生えている。

### キンエノコロ

穂の剛毛は黄金色。茎から穂までが、スッと直立している。葉のさやの縁に毛がない。

### アキノ　エノコログサ

穂が長く垂れ下がる。エノコログサよりも、粒が大きい。タネの外側の皮が短く、タネの先端が見える。

### ムラサキ　エノコロ

よく見ると、実になる小穂は緑色で、小穂から出ている長い毛の先が紫色を帯びるので花全体が紫色に見える。

## もっと知りたい人のために

　巨大なエノコログサのような植物はチカラシバ（68ページ参照）。試験管を洗うブラシのようにも見える。抜いたり、茎をちぎるのが大変なことから、「力芝」と名づけられた。エノコログサは茎から剛毛が出ているので、粒がすべて落ちても剛毛は残る。いっぽう、チカラシバは、タネから毛が生えている。この毛で動物の体や人の衣服にくっついて、タネを遠くへ運ぶ作戦なのだ。

ハルジオン

ヒメジョオン

# ハルジオン
# ヒメジョオン
## （春紫苑・姫女苑）

J-POPの歌詞によく出てくるイメージのハルジオンと、あまり歌われないヒメジョオン。よく似た名前にも思えるが、漢字で書くと「春紫苑」と「姫女苑」でぜんぜん違う。

## ハルジオン

　ハルジオンは、つぼみが下を向いている。「今はうつむいていても、いつか上を向いて咲く」ハルジオンは、J-POPの歌詞で好んで取り上げられる。

　春に咲き、花はピンク色であることが多い。

## ヒメジョオン

　夏に咲き、花は白色。ハルジオンは葉っぱが茎を抱くのに対して、ヒメジョオンは抱かない。

　ハルジオンは茎が中空なのに対して、ヒメジョオンは茎が詰まっているところで区別できる。

ハルジオンは多年草または越年草、ヒメジョオンは一年草または越年草という違いもある。そのため、花の咲く時期にヒメジョオンはロゼット葉がない。

自分は枯れずに保険を掛けるハルジオンに比べて、一年で枯れるヒメジョオンは、タネにすべてを託すため、ハルジオンよりもタネの分散能力が高く、分布を拡大する速度が速い。

### 繁殖方法の違い

ハルジオン（多年草） ｜ ヒメジョオン（一年草）

タネを飛ばす。
ロゼットはないよ。

ロゼットを作って
冬を越すよ。

ハルジオンは春に咲く。それなのに、夏にハルジオンのような花が咲いていることがある。つぼみも上を向いたり、垂れ下がったりしていてそっくりだ。

これはヘラバヒメジョオン。ヒメジョオンは葉のまわりにギザギザ（鋸歯）がある。一方、ヘラバヒメジョオンは、葉がヘラ型で鋸歯がない。茎は分枝して、花数も多い印象だ。

### ヘラバヒメジョオン 葉の違い

ヘラバヒメジョオン

ヒメジョオン

# 監修者・著者略歴

## 監修者
## 稲垣真衣（いながき　まい）

静岡大学農学部卒業。雑草の生きかた研究家。大学卒業後に就職した職場で、生きづらさを感じていたとき、雑草の戦略的な生きかたに関心を持ち、その魅力に取りつかれる。雑草の生き方を伝えるため、YouTubeチャンネル「雑草のんびりライフ」を運営するほか、ラジオ出演や講演活動を行う。著書に『踏まれても立ち上がらないことにした　雑草が教えてくれたがんばらない生きかた』（駒草出版）。


## 著者
## 稲垣栄洋（いながき　ひでひろ）

岡山大学大学院農学研究科修了。専門は雑草生態学。農学博士。自称、みちくさ研究家。静岡大学大学院総合科学技術研究科教授。農林水産省、静岡県農林技術研究所等を経て、現職。主な著書は『身近な雑草の愉快な生きかた』（筑摩書房）、『都会の雑草、発見と楽しみ方』（朝日新聞出版）、『雑草は踏まれても諦めない』（中央公論新社）、『散歩が楽しくなる雑草手帳』、監修は『散歩が楽しくなる花の手帳』（ともに東京書籍）など多数。

## 藤本勇二（ふじもと　ゆうじ）

鳴門教育大学大学院学校教育研究科修了。武庫川女子大学教育学部教育学科教授。文部科学省「食に関する指導の手引」作成委員、文部科学省「今後の学校における食育の在り方について」有識者会議委員、文部科学省環境教育指導資料作成委員、文化庁「伝統文化親子教室事業」に係る協力者会議委員。小学校教諭として地域の人に学ぶ食育を実践後、現職。主な著書は『学びを深める　食育ハンドブック』（Gakken）、『ワークショップでつくる　食の授業アイデア集』（全国学校給食協会）、『入門　食育実践集』『ICT活用編　食育実践集』（ともに全国学校給食協会）など。

## 中西徳久（なかにし　のりひさ）

兵庫教育大学教職大学院学校教育研究科修了。西宮市立甲東小学校主幹教諭、TEAM雑草。社会福祉法人さつき福祉会職員を経て、現職。そこから理科教育研究に取り組み、藤本勇二先生の「名前を知らないから雑草ですよ」の一言に感銘を受け、雑草に興味を持つ。現在のテーマは「自立した学び手を育てる」。日本理科教育学会、日本個性化教育学会、兵庫理科サークル楽だの会に所属。

## 制作協力

山内英嗣（豊田市立飯野小学校教諭）

松浪由起（私立中学校高等学校教諭）

野口大介（西宮市立鳴尾小学校教諭、TEAM雑草）

辻川 暁（芦屋市立朝日ケ丘小学校教諭、TEAM雑草）

松坂ゆかり（西宮市立用海小学校教諭、TEAM雑草）

灘井瑞希（西宮市立香櫨園小学校、TEAM雑草）

黒田真菜（宝塚市立仁川小学校、TEAM雑草）

静岡市立葵小学校、静岡市立大谷小学校、静岡市立長田北小学校、
静岡市立賤機北小学校、静岡市立玉川小中学校、静岡市立伝馬町小学校、
静岡市立中島小学校、静岡市立松野小学校、静岡大学教育学部附属静岡小学校、
渋谷区立神宮前小学校、中央区立泰明小学校、千代田区立麹町小学校、
豊田市立青木小学校、豊田市立飯野小学校、豊田市立滝脇小学校、
豊田市立寺部小学校、豊田市立中山小学校、豊田市立根川小学校、
豊田市立東保見小学校、豊田市立藤岡南中学校、豊田市立若林西小学校
（50音順）

## 参考文献

稲垣栄洋著『身近な雑草のゆかいな生き方』筑摩書房、2011
稲垣栄洋著『散歩が楽しくなる雑草手帳』東京書籍、2014
稲垣栄洋監修『四季の雑草図鑑　身近な雑草と野草の物語がわかる260種』宝島社、2019
岩槻秀明著『雑草・野草の暮らしがわかる図鑑』秀和システム、2014
近田文弘監修、亀田龍吉写真、有沢重雄編・文『花と葉で見わける野草』小学館、2010

## 参考WEBサイト

横浜市立金沢動物園　https://www.hama-midorinokyokai.or.jp/zoo/kanazawa/
福岡市植物園　https://botanical-garden.city.fukuoka.lg.jp/https://botanical-garden.city.fukuoka.lg.jp/
札幌市博物館活動センター　https://www.city.sapporo.jp/museum/ouchimuseum/index.html
高知県立牧野植物園　https://www.makino.or.jp/
浜松科学館みらい〜ら　https://www.mirai-ra.jp/
野田市草花図鑑　https://www.city.noda.chiba.jp/shisei/1016739/1016740/kusakoho/kusazukan/index.html
NHK for School　https://www2.nhk.or.jp/school/watch/clip/?das_id=D0005400777_00000
自然観察大学ブログ　https://sizenkan.exblog.jp

| ブックデザイン | 椋本完二郎 |
| イラスト | 後藤知江 |
| 写真提供 | 横浜市立金沢動物園（P74：シロツメクサ、セイヨウタンポポ）<br>福岡市植物園（P74：スギナ）<br>札幌市博物館（P131：10円玉を磨く前と磨いた後） |
| 協力 | 衛藤理絵、末広裕美子 |
| 編集 | 金井亜由美 |

# 校庭の雑草で探究学習や自由研究ができる本

2024年11月5日　第1刷発行

| 監修者 | 稲垣真衣 |
| 著者 | 稲垣栄洋、藤本勇二、中西徳久 |

| 発行者 | 渡辺能理夫 |
| 発行所 | 東京書籍株式会社<br>〒114-8524<br>東京都北区堀船2-17-1<br>03-5390-7531（営業）<br>03-5390-7512（編集）<br>https://www.tokyo-shoseki.co.jp |

印刷・製本 TOPPANクロレ株式会社

ISBN 978-4-487-81725-2 C0037 NDC471
Copyright © 2024 by INAGAKI Mai, INAGAKI Hidehiro,
FUJIMOTO Yuji, NAKANISHI Norihisa
All rights reserved.
Printed in Japan